The Life of Li Bai

谪仙诗豪李白

郁贤皓
张启超——著

凤凰出版社

图书在版编目（CIP）数据

谪仙诗豪李白 / 郁贤皓，张启超著. -- 南京 : 凤凰出版社，2021.12
ISBN 978-7-5506-3575-3

Ⅰ. ①谪… Ⅱ. ①郁… ②张… Ⅲ. ①李白（701-762）—传记 Ⅳ. ①K825.6

中国版本图书馆CIP数据核字(2021)第254054号

书　　名	谪仙诗豪李白
著　　者	郁贤皓　张启超
责任编辑	张永堃
特约编辑	黄如嘉
装帧设计	陈贵子
出版发行	凤凰出版社(原江苏古籍出版社) 发行部电话025-83223462
出版社地址	江苏省南京市中央路165号,邮编:210009
照　　排	南京凯建文化发展有限公司
印　　刷	江苏苏中印刷有限公司 江苏省泰州市经济开发区鲍徐镇,邮编:225315
开　　本	787毫米×1092毫米　1/32
印　　张	8
字　　数	128千字
版　　次	2021年12月第1版
印　　次	2021年12月第1次印刷
标准书号	ISBN 978-7-5506-3575-3
定　　价	68.00元 (本书凡印装错误可向承印厂调换,电话:0523-82099008)

南宋　梁楷　《李白行吟图》

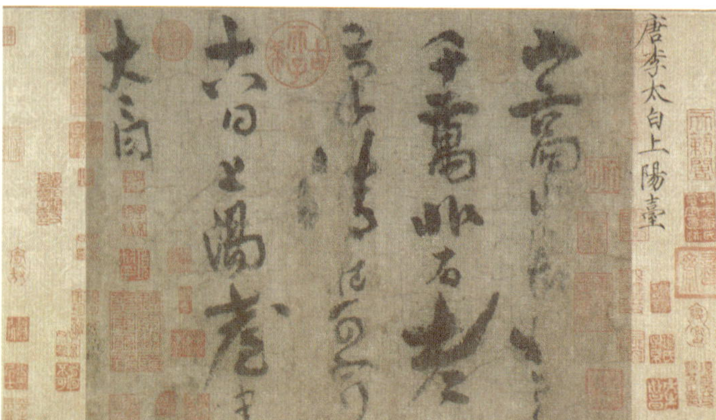

唐　李白　《上阳台帖》（局部）

清　华喦《竹溪六逸图》

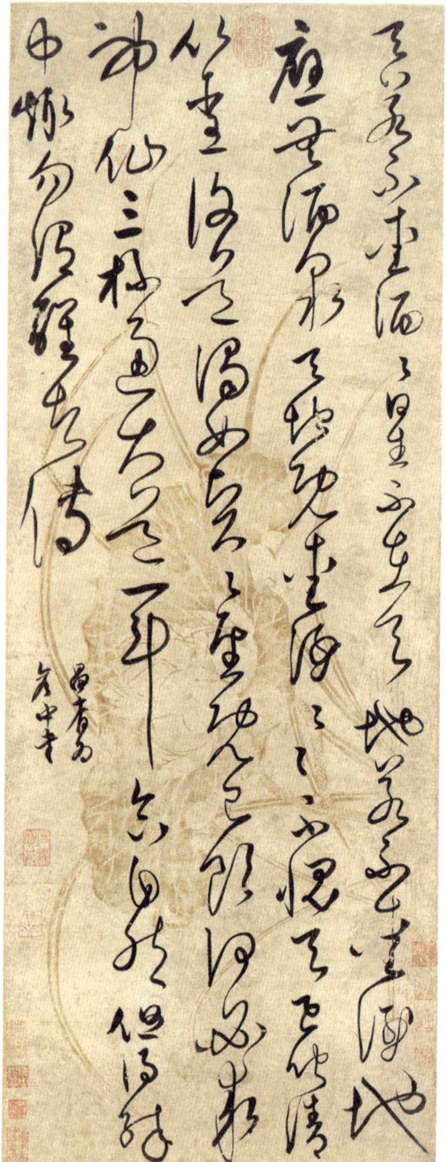

明　宋广　《太白酒歌》

清　冷枚　《春夜宴桃李园图》

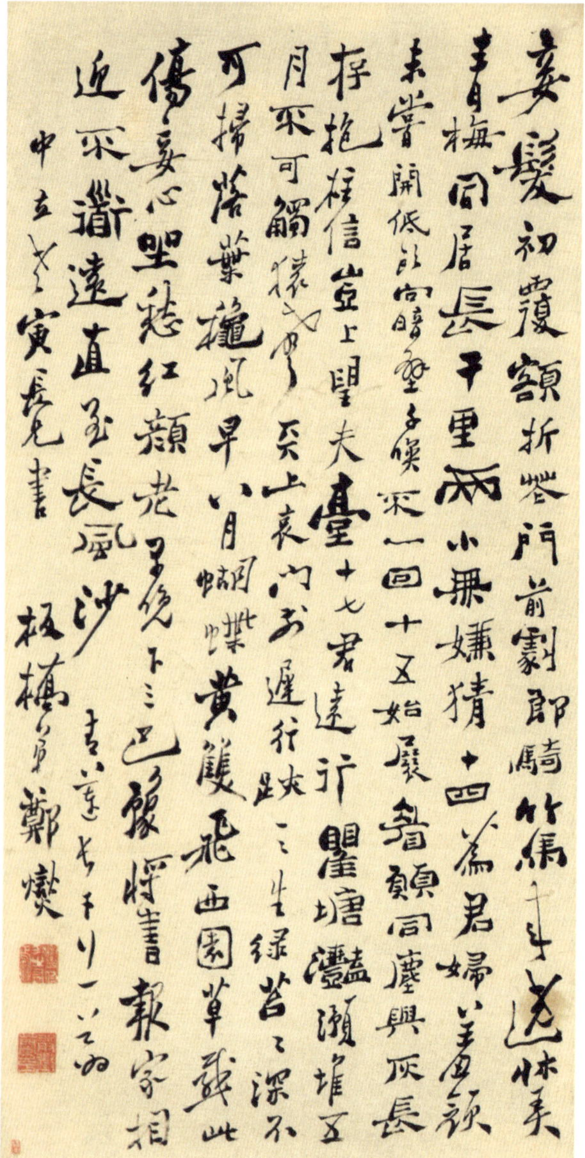

清　郑燮　《长干行》

前言

李白是中国人民最喜爱的诗人之一。他以“惊天地、泣鬼神”的诗歌艺术成就，把中国的诗歌艺术推上了顶峰，在中国古代诗歌史上占有崇高的地位。

由于李白诗歌重在抒情，不著事迹，所以在理解上有诸多困难。20世纪70年代，我反思一千多年来李白研究的成果，惊讶地发现历史上对李白的研究与他在诗歌史上的地位极不相称。从宋代到清代，李白诗的注本仅有四家：宋代杨齐贤《李翰林集》(今已失传)、元代萧士赟《分类补注李太白诗》、明代胡震亨《李诗通》和清代王琦《李太白文集辑注》(一作《李太白全集》)。而且研究者一直未对李白的生平事迹和交游作全面、深入的稽考，浅尝辄止，还有许多错误，留下了很多谜。未能做到知人论世，因此对李白诗歌的理解往往众说纷纭。于是，我决定把李白研究作为自己的研究课题之一，从考证李白生平事迹及其交游入手，运用“二重证据法”，即将纸上的材料与地下的材料结合起来研究，试图逐个解决李白研究中长期存在的疑点和难点。从20世纪70年代末到80年代初，我发表了一系列考证李白生平事迹和交游、对作品进行辨伪的文章，订正了前人研究中的诸多错误。例如：考出李白诗中的“卫尉张卿”乃开元时宰相张说之子，从而证实了李白开元年间到过长安，并在玉真公主别馆作客，这就推翻了以往认为李白一生中只在天宝初到过长安一次的旧说；考出李白诗中“宋之悌”是初唐诗人宋之问之弟，又是肃宗乾元年间营救李白出寻阳狱的宋若思之父，卒于开元二十九年前，证知《江夏别宋之悌》诗乃李白早年作品，订正了今人认为此诗是李白晚年流放夜郎时所作的错误；考明吴筠和李白在天宝年间均未隐居剡中，吴筠也未曾推荐李白入朝，推翻了自《旧唐书》以来认为天宝元年吴筠荐举李白入京供奉翰林的旧说，同时提出了玉真公主推荐李白的新说；考明李白诗中的“崔侍御”“崔四侍御”

以及《泽畔吟序》中的“崔公”均为崔成甫，订正了前人将崔宗之与崔成甫混为一人的错误；考定黄锡珪《李太白年谱》附录三文乃伪作，并指出了致误之由……这些新的研究成果综合起来，就为李白生平勾勒出一个新的轮廓，为深入研究李白及其作品提供了新的方向和基础。1982年，我将这些文章结集成《李白丛考》一书，由陕西人民出版社作为“唐代文学研究丛书”之第一种出版后，得到学术界许多前辈和朋友的赞扬和鼓励。此书在国外学术界也产生了很大影响，尤其是日本与美国学术界，认为其开创了李白研究的新局面。当时国内多家出版社邀请我写作有关李白的书，《谪仙诗豪李白》就是应上海人民出版社“祖国丛书”之约而写的。

《谪仙诗豪李白》没有虚构的成分，完全是按历史的真实面貌作通俗讲述，将我的研究成果贯串到李白一生的经历中去，即按照自己为李白勾勒的新轮廓，来叙述李白的生平事迹和阐释评价其诗文作品。这就与之前出版的各种介绍李白的著作显著不同，呈现出崭新的面貌。在写法上，以李白一生的经历为经，以具有代表性的诗文作品为纬，交织成文。此书1986年出版后，深受广大读者的喜爱；各地的李白纪念馆也纷纷将此书作为讲解员培训的教材与讲解的底本。1991 年，台湾云龙出版社与上海人民出版社商洽后，在台湾出版了繁体字版，也受到了广大读者的欢迎。

如今，距此书首版已有三十六年了。在这近四十年中，我在李白研究课题中又有许多新的发现，并提出了很多新观点。2015 年 12 月，我的《李太白全集校注》由凤凰出版社出版。在这部著作中，我对李白的全部作品进行了校勘、辨伪、注释、考证、评笺，从而使自己的研究成果得以全部展示出来，这也是自己对李白研究这一课题的全面总结，获得了海内外学术界的高度评价。凤凰出版社认为在这个基础上重新改写《谪仙诗豪李白》很有意义，我也认为很有必要。经过一年多的努力，终于撰成此书。因为考虑到此书首版及现在新版的目的，主要都是为了向读者普及、展示、传播祖国的优秀文化，增强民族自豪感和自信心，因此在写作中力求做到内容翔实、形式新颖、语言平易通俗。希望阅读本书后，有越来越多的朋友热爱李白的诗歌，热爱古典文学，乃至热爱祖国灿烂的优秀文化遗产。必须说明的是，对于李白的生平事迹，以及有些诗文作品的理解和系年，学术界也有不同的意见，本书只能作为一家之言。书中难免有不妥之处，恳请广大读者不吝指正。

郁贤皓

2021年5月于金陵寓所

目录

第一章　家世和青少年时代

1. 时代

李白是最受中国人民喜爱的诗人之一，是中国古代诗歌史上璀璨的明星，他以独特、伟大的成就，把中国的诗歌艺术推上了顶峰。他的许多优秀的诗篇，不但在中国脍炙人口，而且在世界各国人民中也有很大的影响。

李白，字太白，号青莲居士，排行十二。生于唐武后长安元年（701），卒于代宗宝应元年（762）。这个时期，不仅是唐王朝，同时也是中国古代君主专制社会发展到鼎盛而又转入衰落的时期。公元581年，隋王朝的建立，结束了自东汉末年以来长期分裂动荡的局面，恢复了统一，实现了境内各民族的融合、南北文化的交汇。然而，仅仅持续了三十八年，隋王朝就灭亡了。因此，唐王朝的建立者，尤其是太宗李世民，总结和吸取了隋朝覆亡的历史经验教训，为巩固王朝的长远统治实施了一系列开明的政策。在政治上，实行科举制度，选拔和重用一些真正有才能的士人治理国家；在经济上，实施符合劳动人民利益的政策，促进农业、手工业、商业的迅速发展；在思想文化上，允许各宗教、学术流派、文化艺术自由发展。同时，扩大对境外的开放，使对外贸易和文化交流达到了空前的繁荣。经过近一百年的休养生息，到玄宗开元时期（713—741），国家强盛，经济繁荣，社会安定。当时全国各地仓库都堆满了粮食和丝织品，物价低廉，路不拾遗。行人外出不需要带武器防备强盗，一路上还都有店铺供应酒食，有驿驴运载物品。唐朝大诗人杜甫在《忆昔》（其二）诗中曾描述过这个时代："忆昔开元全盛日，小邑犹藏万家室。稻米流脂粟米白，公私仓廪俱丰实。九州道路无豺虎，远行不劳吉日出。齐纨鲁缟车班班，男耕女桑不相失。"这就是中国古代社会的鼎盛时代——开元盛世。

但是，这种局面没有能够维持多久，在玄宗朝后期，统治阶级骄奢淫逸起来，大肆挥霍劳动人民创造的财富。政权落到李林甫、杨国忠等权奸手中，他们在朝廷擅权，排斥异己；对外制造矛盾，频频发动战争；对农民加重税役，致使土地制度崩溃。于是，各种社会矛盾逐渐激化，终于在天宝十四载（755）爆发了“安史之乱”。这场叛乱延续了八年之久，成为唐王朝的一场浩劫，整个北方的社会生产力被严重破坏，广大人民惨遭涂炭。虽然唐王朝最终平定了这场叛乱，但形成了地方藩镇割据、中央政权日益衰弱的局面，从此一蹶不振。李白的一生，正好经历了中国君主专制社会由鼎盛到衰落的这个转折阶段。

2. 家世和童年

李白出生在中亚碎叶（今吉尔吉斯斯坦托克马克附近），当时属唐安西都护府管辖，是安西四镇中最西的一个城镇，也是“丝绸之路”上的一座重要城市。高僧玄奘法师在唐太宗贞观初年往印度取经时，曾路过这里。他在《大唐西域记》中称碎叶城为“素叶水城”，说这个城周围六七里，是各族商人杂居的地方。

古人对拥有出众才华和做出不凡事迹的人，往往会给他们的出生赋予一些异象，以表明他们具有某种灵异之性。据说，李白诞生的时候，他的母亲曾梦见长庚星（即金星，又名太白星）投进怀中，所以给他取名白，字太白。这个传说，李白在世时就流传很广。后来李白在临终时，托从叔李阳冰替他的诗文编集，李阳冰将李白的集子命名为《草堂集》，在序中记载了这个传说，并说："世称太白之精。"意思是说李白不是一般的世俗之人，而是天上的星宿下凡。虽然这种传说现在看来显得颇为荒诞，但从中可以看到人们对李白非凡才华的由衷赞美。在我国古代诗人中，李白是传说最多的诗人之一，这也表明了他是多么受人喜爱。

关于李白的祖籍，李阳冰的《草堂集序》和宪宗元和十二年（817）范传正写的《唐左拾遗翰林学士李公新墓碑》，都说是陇西成纪（今甘肃省秦安县）人，是东晋时西凉武昭王李暠九世孙。李白也常在诗文中自称"陇西布衣"（《与韩荆州书》），"本家陇西人，先为汉边将"（《赠张相镐二首》其二），把汉武帝时的名将李广看作自己的祖先。如果这些说法确属事实，李白就应该是唐王朝的宗室，因为唐朝皇帝也自称是西凉武昭王的后代。天宝元年（742），玄宗曾下诏令：凡是西凉武昭王的后代，都应该编进皇家的族谱。当时李白正在长安，受到玄宗的隆重接待，可是在《新唐书·宗室世系表》里，却根本没有李白这一支族的名字。而且李白在诗文中，称唐宗室的人为从祖、从叔、从兄、从侄，也与他作为李暠九世孙的辈分不符。甚至对那些本非李姓而只是赐姓李氏的人，李白也经常称他们为从兄弟。所以，李白祖籍陇西成纪和他是西凉武昭王九世孙的说法，至今令人怀疑。唐代人很看重郡望，如韩姓之人常自称是昌黎人、王姓则自称为琅琊人等等。李氏共十三望，以陇西为第一，所以李姓之人多自称为李广之后，源出陇西。因此，李白祖籍陇西，以及李阳冰、范传正的记载，我们也不妨把它看作自称的郡望而已。

李阳冰和范传正的记载还说，李白的先辈在隋代末年流窜到西域，而且一直隐姓埋名，什么原因却没有记载。直到唐中宗神龙元年（705）李白五岁那一年，他的父亲才率领全家来到蜀中绵州昌隆县（后避玄宗讳，改为昌明县，五代后唐时又避李国昌讳，改为彰明县，即今四川省江油市）南青莲乡（一作清廉乡）定居。

李阳冰说李白的父亲是“逃归于蜀”，范传正说是“潜还广汉”（汉代时绵州属广汉郡），说明他们不是一般的迁居。李白的父亲是一个神秘的人物，他的真正名字史籍没有记载，只知道他到蜀中后才恢复姓李。因为是逃亡到异乡客地，蜀中的人就称他为李客。到蜀中后，李客一直过着不求仕禄的隐逸生活，所以他的事迹现在一无所知。李白在同辈中排行十二，这说明李客从西域带至蜀中的是一个大家庭。他不做官，却要维持这个大家庭的生活，后来还能让李白出蜀漫游，花费大量的钱财，说明他在经济上非常富裕。所以不少研究者认为，李客可能是名富商——何况碎叶城本来就是各族商人杂居的地方。

李白就是在碎叶这个各民族杂居的地方，度过了五个年头。他从小就喜爱月亮，后来他在《古朗月行》中说："小时不识月，呼作白玉盘。又疑瑶台镜，飞在青云端。"诗人说，小时候不识月亮，每当一轮明月从天山那边升起的时候，他就欢呼着说："白玉盘上天啦！"小李白又怀疑是不是西王母瑶台上的镜子飞上了天。一个"呼"，一个"疑"，二字惟妙惟肖地表达出儿童初次认识月亮时的新奇感受和美丽想象，主人公天真烂漫的形象呼之欲出。李白一生中写了许多歌颂明月的诗。在唐代就已经流传着李白醉后入水捉月而死的传说，现在安徽的采石矶还筑起了"捉月亭"。当然，这只是民间编造的故事。不过，李白一生最喜欢照亮黑暗世界的明月，却是事实。在碎叶，“明月出天山，苍茫云海间”（《关山月》）的雄浑景色，陶冶了他幼小的心灵，孕育了他豪放爽朗的性格。碎叶的童年生活，也为他在后来的边塞诗中逼真地再现塞外风光创造了条件。同时，使李白懂得了各民族的语言、习俗，为他后来的交游和起草《和番书》，奠定了基础。李白对这个出生地十分怀念，在晚年写的《江西送友人之罗浮》诗中，还感叹“乡关眇安西”，为自己不能重游出生地而深感遗憾。

关于李白家庭成员的情况，现存资料很少，李白自己在诗文中也极少提及。现在我们只知道，他晚年在九江时尚有一个弟弟在三峡：“兄九江兮弟三峡。”（《万愤词投魏郎中》）此外，据《唐诗纪事》卷十八引杨天惠《彰明逸事》记载，李白有个妹妹名叫月圆，嫁在本县。现在，青莲镇西半里许，有清乾隆年间重建的李白故居陇西院，院后有月圆的坟墓。在青莲镇东半里许，有座粉竹楼，相传是李白为月圆筑的。在粉竹楼后的山坡上，还有一处直径约一米、深约三米的“洗墨池”，相传是李白和月圆写字后洗笔的地方。池水看上去呈黑色，但盛到杯子里却是清澄的。

3. 少年勤读

李白五岁那年，也就是从碎叶迁居蜀中的那年，就开始认真读书了。他从学习六甲干支开始，很快就读完了诸子百家的书。李白的父亲有很高的文化修养，而且爱好辞赋。李白从小在父亲的督导下读书写赋，受到良好的教育："五岁诵六甲，十岁观百家。轩辕以来，颇得闻矣。"（《上安州裴长史书》）说明他涉猎的知识面是很广的。当然，少年时代的李白，也不免有读书懈怠的时候。据说，有一次李白正贪玩，碰见一位老婆婆在溪边磨一根铁棒，李白疑惑地问她磨铁棒干什么，老婆婆说："要把它磨成一根针。"李白惊讶地说："这么粗的铁棒能磨成针吗？"老婆婆微笑着说："只要功夫深，铁杵也能磨成针！"少年李白从这里悟出了深刻的道理：一个人只要有坚持不懈的奋斗精神，任何事情都能获得成功。从此，他不再贪玩，而是更加发奋读书了。这虽然又是一个关于李白的传说，但这个故事本身却生动地说明了李白的出众才华不是天生的，而是勤奋学习的结果。

李白少年时代就仰慕西汉著名文学家司马相如。他的父亲曾经教他吟诵司马相如的《子虚赋》，李白决心努力学习写赋的艺术手法，立志要超过司马相如。据说，他曾把《文选》中的赋都拟作了三遍，“不如意，悉焚之”。现在留下来表明拟作的，只有一篇《拟恨赋》。从现存李白青年时代创作的大赋中，可以看到他少年时代所下的功夫。如《明堂赋》，它从“皇唐之革天创元”写起，歌颂了高祖、太宗、高宗、武后、中宗“列圣之耿光”，对经高宗、武后、中宗三代建成的宏伟壮丽的明堂，进行了细致的描绘，最后热烈歌颂了开元盛世的赫赫声威：“镇八荒，通九垓。四门启兮万国来。”这篇大赋，无论从辞藻还是从气势来看，都不比两汉名家之作逊色。《开元天宝遗事》说：“李白少时，梦所用之笔头上生花。后天才赡逸，名闻天下。”这就是因为李白少年时才华出众而产生的传说。

4. 上大匡山

李白的青少年时代，也是他的思想发轫期。这一时期，他的主导思想是“任侠”。李白之所以在青少年时代就形成任侠思想，与时代环境是分不开的。卢照邻《结客少年场行》中曾说：“长安重游侠。”《旧唐书·郭元振传》说郭元振“举进士，授通泉尉。任侠使气，不以细务介意”，后来得到武则天的重用。李白的同乡前辈诗人陈子昂，据卢藏用《陈氏别传》记载，年轻时也是“驰侠使气”的人。由此可知，游侠之风在唐代是很盛的。李白出生在西域碎叶，是突厥与其他民族杂居之地，一般来说，那里的人尚武精神较强，性格也更为豪爽。李白从小生活在那里，这对他形成豪爽的性格和任侠思想也有一定影响。此外，交游中遇到的“任侠”之人对李白也有影响，其中赵蕤的影响尤大。

大约在十八岁时，李白与赵蕤一起上了大匡山（又名戴天山、大康山，在今四川江油），隐居读书学剑。赵蕤在当时是很有名的学者。朝廷曾几次征召他，他都不肯出仕。因此，人们都称他为赵征君。赵蕤“亦节士，任侠有气”(《唐诗纪事》卷十八引杨天惠《彰明逸事》)。李白的任侠思想与行为，与《史记·游侠列传》中的人物很相似。汉代的游侠是由先秦的墨者转化而来的，即所谓“墨侠”。《孟子·尽心上》说：“墨子兼爱，摩顶放踵利天下，为之。”《墨子·经上》说：“任，士损己而益所为也。”孙诒让《墨子间诂》引毕沅云：“谓任侠。”李白可能也受到墨家思想的影响。李白在大匡山习武，并借此广泛地结交豪雄，仗剑任侠。李白后来向人提起这段生活时说：“结发未识事，所交尽豪雄。却秦不受赏，救赵宁为功？托身白刃里，杀人红尘中。当朝揖高义，举世钦英风。”(《赠从兄襄阳少府皓》) 魏颢《李翰林集序》也说他“少任侠，手刃数人”。不过有关他在蜀中任侠杀人的具体事迹，未见记载。今天我们只能从李白写的《侠客行》中，看他当年的任侠思想和行为了：“十步杀一人，千里不留行。事了拂衣去，深藏身与名。”任侠思想成了李白性格的重要特征。他的理想就是要做出一番惊天动地的事业，然后功成身退。因此，他对侠客精神的礼赞，也正是对自我的写照与期许。可以说，任侠思想贯穿李白的一生，只是在他处境不同的各个阶段，表现得时隐时现罢了。

李白在大匡山跟赵蕤主要学习经世致用的王霸之术。赵蕤对先秦以来的诸子著作、历史典籍——尤其是对纵横家学说，做过深入研究，并且融会贯通，采撷众长，写成《长短经》(又名《长短要术》) 一书，共十卷，主要是论述王霸之道，研究帝王统治之术。它的根本思想是：“三代不同礼，五霸不同法。”主张学问要经世致用。此书一直流传到现在。李白跟随赵蕤学习大约有两年时间。当地人把大匡山称为“读书台”，相传大匡山夜里经常有光如灯，老百姓就说："李白又在挑灯夜读啦！"李白自己也说，在这两年里，他隐居深山刻苦学习，没有下山到过城市。他和赵蕤相处得很融洽，结下了深厚的友谊。大匡山气候宜人，山深林密，有很多珍禽异鸟。李白和赵蕤在读书之余，与禽鸟作伴，这些禽鸟竟然也与他们亲密异常，一呼就会飞到他们掌中取食。他们的生活过得很愉快。当时绵州刺史听说大匡山上住着两位隐士，便亲自上山，要推举李白和赵蕤参加朝廷的科举考试，被两人婉言谢绝了。在大匡山上的学习，对李白的思想影响很大，后来他常以管仲、诸葛亮自许，畅谈王霸之道、纵横之术，这显然是追随赵蕤学习的结果。

这一时期，李白的诗歌创作也取得了很大的进步。有一次，他去拜访一位道士，不巧那位道士外出了，但山上的景色让李白十分陶醉：一路走来，潺潺的溪流伴随着几声犬吠，使山中更显幽静。映入目中的，则是凝结着晶莹晨露的艳丽桃花。丛林深处，不时闪出矫健可爱的麋鹿，眨着机智的眼睛，向四处张望。道院就在眼前了，却沉寂无声。远处，可见片片翠竹，分拨开山中的云雾；一帘瀑布，遥挂在碧绿的山峰。但未能见到所访的道士，诗人难免感到惆怅。他回来后，就写了一首五言律诗《访戴天山道士不遇》，山中的犬吠、溪水、桃花、晨露、麋鹿、野竹、云气、瀑布、碧峰、青松，令诗人沉醉，他将这些巧妙地安排组合，有动有静，有声有色，构成一幅优美图画：

犬吠水声中，桃花带露浓。树深时见鹿，溪午不闻钟。野竹分青霭，飞泉挂碧峰。无人知所去，愁倚两三松。

此诗前六句写路途所见的景色。首联二句写入山第一程，暗点出时间是春天早晨，沿着溪水穿林入山。颔联二句是第二程，由“时见鹿”反衬出不见人，而午时该打钟却“不闻钟”，暗示道院中无人。颈联二句写第三程，已到深山道院前，分割云气的“野竹”，喧嚣泻下的“飞泉”，一静一闹，以有声的飞泉衬托无声的野竹，使环境显得更为清幽了，以此暗示道士志趣淡泊。尾联二句用问询方式，从侧面写出“不遇”。“无人知所去”，是问询的结果；“愁倚两三松”，是诗人怅然若失心态的外在表现。全诗紧扣“不遇”二字，用笔迂回，感情骤转，给人留下深广的想象余地。前六句写景，字字清幽优美；后二句抒情，情致婉转含蓄。全诗信手拈来，无斧凿痕，而平仄黏对皆合律诗规则，中间两联尤属工整，足见诗人早年于律诗曾下过功夫。以前有人说李白不善于创作律诗，这显然是不符合事实的。这首诗是现存李白最早的诗篇之一。

5. 初露头角

李白二十岁那年，写了一篇开元天子唐玄宗纵横驰骋、“大猎于秦”的《大猎赋》。他认为，当今的太平盛世是前所未有的，当今皇帝的狩猎，也应该是秦始皇和汉武帝所望尘莫及的：“而忽也莫不海晏天空，万方来同。虽秦皇与汉武兮，复何足以争雄！”这篇赋气势雄伟，充满了盛唐气息。李白自己对这篇赋也很满意，认为其已远远超过汉代辞赋名家司马相如和扬雄的名作：“岂比夫《子虚》《上林》《长扬》《羽猎》，计麋鹿之多少，夸苑囿之大小哉！”大有“凌相如”的气概。

开元八年（720）冬末，朝廷派礼部尚书苏颋出任益州（今四川省成都市）大都督府长史。开元九年（721）春初，苏颋到益州任。苏颋是当时著名的文学家，和另一文学家张说并称为“燕许大手笔”（张说封燕国公，苏颋封许国公）。李白听说苏颋来成都，就带着自己写的诗赋，在半路上拜谒苏颋。苏颋看了李白的《大猎赋》和一些诗作后，赞赏不已，对他的幕僚说："这位青年书生才华出众，文笔如奔流的江河。虽然他现在的文章骨力还不足，但已经有独特的风格了。如果他再增长学识，将来一定可以和司马相如比美。"苏颋的这番话，既肯定了李白的才华，也指出了他的不足之处和进一步提高的方法，表现出老一辈文学家对后起之秀的爱护和关心。苏颋对李白十分器重，后来在向朝廷荐举西蜀人才时，就提到了"赵蕤术数，李白文章"（苏颋《荐西蜀人才疏》）。李白受到苏颋赞赏，备受鼓舞，信心也更足了。这时的李白，确实已成长为"性倜傥，好纵横术；善赋诗，才调逸迈"（刘全白《唐故翰林学士李君碣记》）的青年志士了。

在此前后，李白游历了蜀中各地的名胜古迹。春天，李白来到了成都，游览散花楼。这是隋文帝的第四个儿子杨秀修建的。当年这个蜀主性爱奢侈，把这散花楼筑得高耸云霄，雕栏绣户，十分壮观。李白登上高楼，成都景致尽收眼底。他兴奋地写下了《登锦城散花楼》诗，描绘这座楼的雄伟壮丽，并抒发自己的感受："今来一登望，如上九天游。"充满了豪情。接着，他又瞻仰了西汉两位著名辞赋家的遗迹：司马相如的琴台，扬雄的故居。《白头吟》是一首乐府旧题，《西京杂记》卷三说：“司马相如将聘茂陵人女为妾，卓文君作《白头吟》以自绝，相如乃止。”李白虽然对司马相如的才华十分景仰，但对他的这一行径表示了极大的不满。李白之前已有很多诗人写过《白头吟》，但李白这首的主题与古辞最相近，表现了被弃女子的悲哀及其对负心男子的谴责：

锦水东北流，波荡双鸳鸯。雄巢汉宫树，雌弄秦草芳。宁同万死碎绮翼，不忍云间两分张。

此时阿娇正娇妒，独坐长门愁日暮。但愿君恩顾妾深，岂惜黄金买词赋？相如作赋得黄金，丈夫好新多异心。一朝将聘茂陵女，文君因赠《白头吟》。东流不作西归水，落花辞条羞故林。

兔丝故无情，随风任倾倒。谁使女萝枝，而来强萦抱？两草犹一心，人心不如草。莫卷龙须席，从他生网丝。且留琥珀枕，或有梦来时。覆水再收岂满杯？弃妾已去难重回。古时得意不相负，只今唯见青陵台。

这首诗具有浓厚的民歌风味。首段写一对鸳鸯相亲相爱，宁愿死在一起而绝不分飞，托物起兴，借此赞颂坚贞不渝的爱情。次段从汉武帝的陈皇后阿娇失宠后，不惜用黄金百斤请司马相如写《长门赋》，以重新赢得汉武帝的宠幸，引出司马相如富贵后喜新厌旧，欲娶茂陵女子为妾，卓文君写《白头吟》相赠。又以东流水不复西归，落花羞返故木，比喻夫妇分离后难以复合。第三段"兔丝"六句以女萝与菟丝两种草尚且能缠绕不弃，反衬人心不如草。"莫卷"四句，龙须席是以龙须草编织的席子，琥珀枕是用琥珀制成的枕头，意谓：那龙须席不卷也罢，任凭它上面挂满蛛丝。那琥珀枕可暂且留下来，枕着它或许能旧梦重来。此四句表达了女子对往昔爱情生活的追念和留恋。"覆水"二句，用传说中姜太公吕望与马氏的典故：吕望初娶马氏，马氏厌烦他不事产业而离去。后来吕望辅助周武王取得天下，分封于齐，马氏要求复合。吕望取水泼在地上，让马氏收水，结果只能取得泥土。表示覆水不能收，人离难再圆。最后两句用韩凭（一作朋）夫妇殉情于青陵台，精魂化为相思树、鸳鸯的典故，抒发了诗人的感慨。现在李白留下来的《白头吟》有两首，内容大同小异，大概其中一首是初稿，后经加工改定。李白严肃、认真的创作态度，由此可见。

6. 峨眉山月歌

蜀中游历使李白终生难忘的是峨眉山。当时，秀丽的峨眉山是道士隐居之地。值得注意的是，李白从少年时就开始受到道教神仙思想的熏染了，他自己说："十五游神仙，仙游未曾歇。"(《感兴八首》其五）这主要还是受到时代风尚的影响。唐朝道教盛行，缘由是：一则唐王朝在创建过程中，曾得到道教的助力。据《旧唐书·王远知传》记载，高祖、太宗在太原起兵的时候，道士王远知曾密传符命，预言将取得天下。他还对太宗说："方作太平天子，愿自惜也。"太宗登基后，本来要给王远知安排重要官职，但他坚持归隐山林。贞观十一年（637）二月，下诏推崇道教，"至于称谓，其道士女冠可在僧尼之前"。因为太宗李世民也认为："鼎祚克昌，既凭上德之庆；天下大定，亦赖无为之功。"(《唐大诏令集》卷一一三《道士女冠在僧尼之上诏》）不仅如此，当时还在法律上规定，道教徒享有特殊待遇，道士、女冠等犯罪，"所由州县官，不得擅行决罚"(《唐会要·尊崇道教》)。二则是为了压制魏晋南北朝以来的门阀士族势力，抬高皇族李氏的地位。唐王朝把被道教尊奉为教主的老子李耳，说成是自己的祖宗。高宗乾封元年（666）二月，正式追封李耳为“太上玄元皇帝”(《旧唐书·高宗纪》)，并建立祠堂进行供奉。于是，道教成了国教。一些著名的道士，如王远知、潘师正、司马承祯等，都受到皇帝隆重的礼遇。玄宗时期，从皇帝到皇亲国戚、贵族官僚，纷纷信奉道教。有的公主、大臣干脆做了女冠、道士，如玄宗的两个妹妹——金仙公主和玉真公主，就都做了女道士。于是，一时间，全国各地道观林立。受此风尚影响，士林中向往游仙得道也就蔚然成风了。

李白在蜀中写的现存很少的几首诗中，有《访戴天山道士不遇》，表明他与道士很早就有交往。在游峨眉山时，他结识了青年道隐者元林宗。元林宗，字丹丘，后来成了李白一生中最好的朋友之一。李白在五十岁时写的《秋日炼药院镊白发赠元六兄林宗》诗中说：“弱龄接光景，矫翼攀鸿鸾。投分三十载，荣枯同所欢。”就是说，李白在二十岁左右与元丹丘结识，就想攀着鸿鸾展翅高飞。三十年来意气相投，共同经历了痛苦和欢乐。青年李白显然是受了元丹丘的影响，当时写的《登峨眉山》诗充满仙气：“泠然紫霞赏，果得锦囊术。云间吟琼箫，石上弄宝瑟。平生有微尚，欢笑自此毕。烟容如在颜，尘累忽相失。傥逢骑羊子，携手凌白日。”他觉得自己飘游在空中，如仙人般观赏紫霞，似乎得到了仙人用锦囊传授的成仙之术。站在云间闲吹洞箫，坐在石上轻弹琴瑟，多么悠闲。于是，自己的志愿满足了，脸上也似乎带着云烟的气色，人世的牵累完全消失。如果遇到骑木羊的仙人葛由，定当携手飞升成仙了。这时的李白，对道教神仙思想已沉溺很深了。

李白出生在西域碎叶，但在那里只有短暂的五年童幼生活，而在蜀中则度过了将近二十年——几乎整个青少年时代。所以他一直把蜀中看成自己的故乡，并以蜀人自称。他把汉代蜀人司马相如称作“乡人”，把从蜀中流向荆门的江水称作“故乡水”。他对蜀中的感情很深，出蜀后写的“举头望山月，低头思故乡”(《静夜思》)，“国门遥天外，乡路远山隔”(《淮南卧病书怀寄蜀中赵征君蕤》)，“故乡不可见，肠断正西看”(《游秋浦白笴陂二首》其二)，都表达了对蜀中的眷恋之情。蜀中秀丽多姿的峨眉山、峥嵘险峻的剑门关，传说是化自蜀王杜宇魂魄的子规鸟、满山红遍的杜鹃花，司马相如的琴台、扬雄的故居……经常萦绕在他的脑际，出现在他的诗中。直到晚年，他还写了一首感人肺腑的七绝《宣城见杜鹃花》：

蜀国曾闻子规鸟，宣城还见杜鹃花。一叫一回肠一断，三春三月忆三巴。

阳春三月是怀人怀乡的季节，听到子规鸟啼叫“不如归去”，眼前又是故乡常见的杜鹃花开，“曾闻”与“还见”相照，蕴含着诗人的无限愁思，熔铸了诗人的感伤之情。李白一生都在怀念青少年时代在蜀中度过的美好岁月！

开元十二年（724），二十四岁的李白在诗赋学问方面已崭露头角，他认为“大丈夫必有四方之志”(《上安州裴长史书》)，“大鹏羽翼张，势欲摩穹昊”(范传正《唐左拾遗翰林学士李公新墓碑并序》)，决心奔向更为广阔的天地，去为社稷、苍生干一番轰轰烈烈的事业，去实现他的政治理想。于是，他决定“杖剑去国，辞亲远游”。在一个上弦月高照的秋夜，李白带着书童丹砂，与蜀中友人吴指南一起，从峨眉山下的清溪驿乘舟出发，沿平羌江（今青衣江）进入长江东下。途中，他深情地吟咏了一首《峨眉山月歌》：

峨眉山月半轮秋，影入平羌江水流。夜发清溪向三峡，思君不见下渝州。

这首诗前两句是舟中所见夜景：高峻秀丽的峨眉山上空明月高悬，平羌江中流动着月亮的映影。首句是仰望，写静态之景；次句是俯视，写动态之景。“影入江水流”之景，只有乘舟人顺流而下才能看到，所以此句不仅写出月影随波的美妙景色，而且点出秋夜乘舟下行之人。意境空灵优美。第三句写出发的地点和前往的地点，末句则写思念友人之情。整首诗抒情只有“思君”二字，但由于“峨眉山月”这一典型的艺术形象贯穿在整首诗的意境中，所以其意蕴也就格外丰富，给人以无穷的遐想。一般来说，在篇幅短小的绝句中，忌用人名、地名或数字，而李白此诗二十八字中嵌入了峨眉山、平羌江、清溪、三峡和渝州（今重庆市）五个地名，一千多年来不但没有被人讥讽，反而受到人们的普遍赞誉，被认为是一个构思巧妙的经典范例。通过妥帖安排，全诗浑然天成，毫无呆板、堆砌之迹，读起来明快、自然、流畅，显示出青年诗人的艺术天才。李白一生酷爱明月，常在诗中歌咏。对峨眉山月爱之尤深，晚年还写有《峨眉山月歌送蜀僧晏入中京》诗，表达对峨眉山月的深情：“我在巴东三峡时，西看明月忆峨眉。月出峨眉照沧海，与人万里长相随。”

青年李白在这首千秋绝调的歌声中，怀着青春的热情，充满光明的憧憬，离开了蜀中，由峨眉山月相送，飞向远方，为创造新的生活揭开了序幕。

第二章　长江万里游

1. 大鹏遇希有鸟

万里长江，波涛汹涌。它载着李白的一叶小舟，轻快地向东驶去。李白初次离开蜀中，长江两岸的秀丽景色使他陶醉。小舟进入三峡，两岸是崇山峻岭、悬崖峭壁，弥漫的烟雾，给人一种神奇莫测的感受。山岭间阵阵清亮的猿啼声，伴随小舟穿出三峡，送它进入广阔的长江中游平原。李白热爱祖国的山水，长江远游更是激发了他的诗兴，他写下了许多歌颂祖国壮丽河山的著名诗篇。

出了三峡，过了荆门山（在今湖北省宜昌市东南长江南岸），意味着已告别巴山蜀水，进入了古代楚国的疆域。两岸的高山突然不见了，展现在眼前的是一望无际的辽阔平原。李白对此奇景赞叹不已，挥笔写下了《渡荆门送别》（“送别”二字实为传写错误而多出的衍文）：

> 渡远荆门外，来从楚国游。山随平野尽，江入大荒流。月下飞天镜，云生结海楼。仍怜故乡水，万里送行舟。

这首诗的首联二句点明行踪。颔联二句极写舟过荆门后视野顿然开阔的景象和感受，与杜甫《旅夜书怀》中的“星垂平野阔，月涌大江流”同为千古传诵的佳句。两者的区别：李白写的是昼景，杜甫写的是夜景；李白是舟行中的感受，杜甫则是停舟后的细赏。颈联二句分写明月倒映江中，如天上飞下明镜；云彩变幻莫测，犹如海市蜃楼。这一切，衬托着流水的平静和江面的寥廓。这两联所写的景色，在地势险峻的蜀中和两岸连山的三峡是看不到的。所以在写景中流露出惊讶新鲜的感受。尾联抒情。诗人想到送他远游的江水来自家乡蜀中，满腔的情愫便寄寓在一个“怜”字上，以表达他对故乡的眷恋。全诗风格雄健，意境高远，是一首色彩明丽、风姿秀逸而又格律工稳、对仗精切的五律佳构。

船到江陵（今湖北省荆州市），李白上岸。大约在这里，他又与元丹丘见面了。好朋友在异乡会面，自然是万分喜悦。当元丹丘告诉李白著名道士司马承祯正在江陵时，李白欢欣不已，马上与元丹丘一起去拜访他。司马承祯曾多次受到武后、睿宗和玄宗的隆重召见，玄宗的妹妹玉真公主还拜他为师，名气很大。司马承祯这时已年逾八旬，正准备游览衡山。他对李白和元丹丘的来访感到高兴，尤其是青年李白那神采飞扬、器宇轩昂的风度，使他大为惊奇，连声称赞李白"有仙风道骨，可与神游八极之表"(《大鹏赋序》)。李白听了这番话，备受鼓舞，当即想到《庄子·逍遥游》中那只"水激三千里"的大鹏鸟，于是欣然命笔，写了一篇《大鹏遇希有鸟赋》(后经修改，题为《大鹏赋》)。赋中以大鹏自喻，把司马承祯比作希有鸟，将这次拜见司马承祯，用大鹏鸟遇见希有鸟的比喻手法表现出来。他用铺陈排比、极度夸张的手法，从各个角度描绘了"激三千以崛起，向九万而迅征"的大鹏形象，以展现自己不同凡俗的性格、气概和抱负。又用大鹏与黄鹄、玄凤、精卫、鶢鶋、天鸡、踆乌作比较——那些神物都不能旷达坦荡而恣情自适，只是一味地拘守常规，哪里有大鹏逍遥自在！这篇赋表现出青年李白追求自由的思想性格以及高远的志向。从中也可以看到，道家思想对李白的影响是非常大的，并且贯穿了他的一生，构成了他性格中的一个重要方面。这篇赋的艺术成就很高，它既受《庄子》《离骚》的影响，又有俊迈飘逸、纵横恣肆的独特风格，充分展示出宏大壮美的盛唐气象。这篇赋在当时就广泛流传，据魏颢《李翰林集序》说，到天宝初竟达到“家藏一本”的程度。这次会见司马承祯，李白的收获很多。后来因为司马承祯的关系，李白得以结识玉真公主，从而为他的政治生活揭开重要的一页。

2. 洞庭哭友

离开江陵后，李白畅游洞庭湖，并溯湘水南游，登临传说是虞舜葬地的苍梧山（指九嶷山，在今湖南省宁远县南），完成了“南穷苍梧”（《上安州裴长史书》）的第一阶段游历。但不幸在第二年夏天回到洞庭时，和他结伴同游的蜀中友人吴指南突然病故。李白穿着丧服伤心痛哭，就像死了亲兄弟一般，“炎月伏尸，泣尽而继之以血。行路间者，悉皆伤心。猛虎前临，坚守不动”。但由于当时他急着赶赴金陵（今江苏省南京市），便将吴指南的尸体暂时殡葬在洞庭湖边。三年后，即开元十六年（728），李白又专程来到这里，挖出吴指南的尸骨，洗削干净后，亲自背着，早晚不离身地走了几百里，最后借钱将尸骨安葬在鄂城（指江夏郡城，今湖北省武汉市武昌）之东。李白自称这件事是他“存交重义”的典型表现，说明这一时期李白仗义任侠的思想仍在继续。

3. 山水诗情

庐山，是李白一生中登游多次的名山。他在离开洞庭赴金陵的途中，第一次登临了庐山。庐山的奇峰异石、瀑布烟霞等绚丽景色，给李白留下了深刻印象。著名的《望庐山瀑布二首》，就是这次游览时创作的。第一首五言古诗，其中用“海风吹不断，江月照还空”两句，描绘瀑布的形状，细致入微，当时就为人们所喜爱。第二首七言绝句，更是传诵千古的名篇：

日照香炉生紫烟，遥看瀑布挂长川。飞流直下三千尺，疑是银河落九天。

这首诗写香炉峰的美景。红日初照，香炉峰笼罩在五彩纷呈的云霞之中，蒸腾的云雾在太阳光线折射下，紫烟氤氲，犹如缥缈仙境。次句点题，写视线中的瀑布。“遥看”二字，点明瀑布距立足点很远，“挂长川”乃描绘遥望中的瀑布静态，瀑布如巨大素练高悬于山间，色泽鲜明，境界瑰丽。三、四两句由静态描述转为动态描写，“飞流”形容瀑布从高空落下时急猛四溅之状，“直下”形容瀑布的磅礴气势，“三千尺”极言瀑布流水之长，都写得非常精警，显示出飞瀑壮阔雄伟的景象。而这第三句的动态描绘气势，使结句的奇特之想神理相合。“疑”乃想象之辞，诗人将眼见的瀑布比拟为从九天落下之银河，将实景转为虚景，不仅传瀑布雄奇之神，而且合庐山峰高之理，更展现出诗人高远逸放的胸襟。后来中唐诗人徐凝也写了一首《庐山瀑布》诗，其弊就在不能想落天外、虚实相生，缺乏“才气豪迈，全以神运”（赵翼《瓯北诗话》）之笔力。宋代苏轼曾评这两首诗，把李白诗推为古今绝唱，而将徐凝诗斥为“恶诗”。

李白的小舟又继续顺流而下，初次进入宣州当涂县（今安徽省马鞍山市当涂县）界。首先映入他眼帘的，是远处突然有一座青山挡住了大江，而大江的急流却似乎在它中间冲出了一道大缺口，将它分成两半；当他的小舟驶近山边，才发现原来是两岸的青山石壁突入江中，使这里的江面突然变得狭窄，急流因石壁的阻挡而倒流，形成漩涡。当船只驶进两山之间，他兴致勃勃地左顾右盼，观看两岸青山随着舟行而向后移动。驶出天门山，江面又突然开阔，他翘首远望，只见一片孤帆正从日边迎面而来。这就是李白名篇《望天门山》诗的意境：

天门中断楚江开，碧水东流直北回。两岸青山相对出，孤帆一片日边来。

根据诗题，可知诗中写的都是诗人“望”中的天门山胜景。虽然全诗四句中没有一个“望”字，却句句写“望”，而“望”的角度和立足点又都不同。首句是从上游远望、山水并写，从总体上概括描绘了山水的雄伟气势。次句乃是近“望”。因为靠得近了，所以才能看到波涛回旋的情景。这句单写水。第三句单写山。舟行在两山之间，因而向左右“望”两岸。“出”字用得很妙：诗人站在小舟上望两岸的山时，随着舟行，会觉得两岸层出不穷的山体都在移步换形，于是动态的小舟与静态的青山形成了动静互换。这一审美体验也是诗人初次领略这种景致所获得的新鲜喜悦的反映。最后一句又写远“望”。但与首句不同，这时小舟已经驶出天门山，江面顿时辽阔，诗人自然地把注意力引向远方，蕴含着无穷的余味。

4. 初至金陵

金陵是六朝故都，在唐朝之前先后有三国时的吴、东晋、宋、齐、梁、陈六个王朝在这里建都。六朝的三百余年间，北方地区因战争频繁，社会遭受严重破坏；而南方战争较少，社会相对安定。加上大批北人南渡，不仅带来中原地区较为先进的生产技术和文化，还增加了许多劳动力，为南方特别是长江中下游地区社会经济和文化的迅速发展，创立了良好的社会环境。作为六朝时期的都城，建康人口超过百万，对中国历史产生了极其深远的影响。在唐朝以前，这里人口众多，建筑华丽，经济和文化十分发达。自隋朝起，金陵遭到有意地贬抑。这座“六代帝王国，三吴佳丽城”（《赠升州王使君忠臣》），虽然因地理上的优势，在经济上还是得以继续发展，但在总体上，尤其是城市风貌方面，比以前衰落了。往昔帝王的宫殿都成了荒凉的古丘，长满了芜杂的野草。只有后湖（即玄武湖）上空的明月和水波中的瀛洲，还和以前一样。李白在金陵凭吊古迹，感慨万分：“当时百万户，夹道起朱楼。亡国生春草，离宫没古丘。空余后湖月，波上对瀛洲。”（《金陵三首》其二）南朝诗人谢朓（字玄晖）曾写过不少描绘金陵风光的诗篇，他的“余霞散成绮，澄江净如练”（谢朓《晚登三山还望京邑》）等名句，使李白一生钦佩不已。他踏着谢朓的足迹，游览名胜，也写了不少诗篇。其中有些诗，不但学习谢朓诗的风格，而且还嵌用谢朓的名句。在一个秋月皎洁的夜晚，李白独自来到金陵城西楼，在月下徘徊，为自古以来知音难觅而惆怅。当他沉吟着谢朓描绘金陵景色的名句时，顿时觉得谢朓和自己竟是古今知己！因而慨叹不已：“月下沉吟久不归，古来相接眼中稀。解道澄江净如练，令人长忆谢玄晖。”（《金陵城西楼月下吟》）深情表达了对这位古人的仰慕之情。

从江陵到金陵一带，是六朝乐府民歌《西曲歌》和《吴声歌》的发源地。李白在这里用心学习这些乐府民歌，还运用乐府民歌旧题创作了一些乐府诗。《杨叛儿》（一作《杨伴儿》）是六朝乐府《西曲歌》旧题。现存古辞八首，都是情歌。其中一首云："暂出白门前，杨柳可藏乌。欢作沉水香，侬作博山炉。"李白以此诗意进行艺术再创造，写就了新的情歌《杨叛儿》：

> 君歌《杨叛儿》，妾劝新丰酒。何许最关人？乌啼白门柳。乌啼隐杨花，君醉留妾家。博山炉中沉香火，双烟一气凌紫霞。

乐府古辞原来只有四句，这首诗衍化为八句，使男女形象更为丰满，生活气息更为浓厚。首二句写一对青年男女相爱的场面：男的唱歌，女的劝酒，感情非常融洽。一开头就将笼罩全篇的欢愉气氛展开了。接着又加了一句古辞没有的设问："何许最关人?"是啊，何处最牵动人的情思呢？这就使诗意产生了变化，引起了读者的注意。然后点出时间、地点和环境：是在日暮乌啼时金陵白门的柳树底下。白门，六朝时都城建康的正南门即宣阳门，民间谓之白门。后来用为金陵的别称。"乌啼隐杨花"从古辞"藏乌"一语引出，但意境更美：乌鸦归巢后停止啼鸣，在杨花间甜蜜地憩息。这既是写景，又极富情趣。“君醉留妾家”的“醉”可能是酒醉，更是饱含着男女间柔情蜜意的陶醉。末二句则将爱情推向高潮，形象地将男女幽会比喻为将沉香投入火炉中，炽热的爱情之火立刻燃烧，双烟化成一气升腾入云霞。沉香，又名沉水香，一种名贵的熏香料。博山炉，是一种炉盖作山峰起伏的熏炉；山间镂空，以便香料烟气升腾而出，如云雾缭绕状。这里的前句概括了古辞的后半部分：女子以博山炉自喻，以沉香喻对方，象征男女爱情的融洽欢乐；又生发出最后一句的绝妙象征，使全诗的意趣得到完美的体现。与原来的乐府古辞相比，这首诗的情感更炽热，调子更欢快，这也从一个侧面反映了当时经济繁荣带来的开放、热情、坦诚的社会风尚。

李白创作的《长干行》，也是一首运用乐府旧题的作品。这首诗以一位商妇自述的口吻，叙述了一个生动的爱情故事，抒发了她对长久未归的丈夫之深情思念：

妾发初覆额，折花门前剧。郎骑竹马来，绕床弄青梅。同居长干里，两小无嫌猜。

十四为君妇，羞颜未尝开。低头向暗壁，千唤不一回。十五始展眉，愿同尘与灰。常存抱柱信，岂上望夫台？

十六君远行，瞿塘滟滪堆。五月不可触，猿声天上哀。门前迟行迹，一一生绿苔。苔深不能扫，落叶秋风早。八月蝴蝶来，双飞西园草。感此伤妾心，坐愁红颜老。

早晚下三巴，预将书报家。相迎不道远，直到长风沙。

长干，即长干里、长干巷，在今南京市城南。行，古诗的一种体裁。这首诗从童年时代的两小无猜写到初嫁时的羞涩之态，从婚后的恩爱甜蜜写到丈夫远行后的担心思念；孤独忧愁使得她容颜憔悴，然而期盼的寄语依旧一往情深。诗的感情真挚动人，语言委婉自然。其中“郎骑竹马来，绕床弄青梅”两句，后来被概括成“青梅竹马”的成语，用以比喻少年男女的相亲相爱。全诗通过对具有典型意义的生活片段和心理活动的描写，展示了闺中少妇的心理成长和性格发展历程；将这位南方女子温柔细腻的感情和心理，写得缠绵婉转，层层深入地显示出她单纯、娇柔、深情、脆弱等性格特征，塑造了一个美丽的商妇形象。全诗情、景、理三者有机交融，抒情和叙事完美结合，对后来白居易《琵琶行》等诗的创作有重要影响。

李白在金陵交友广泛，经常与朋友畅怀酣饮，奏乐歌舞。这时他的酒量已经很大了。李白在金陵愉快地度过了秋、冬季节，直到第二年的春天，才告别朋友前往广陵（即扬州，今江苏省扬州市）。一个风和日丽的日子，春风吹拂，柳絮纷飞，朋友们为李白饯行。酒肆里飘散着浓郁的酒香，宴席上侍女们不断压榨取酒，请客人们品尝。朋友们频频劝饮，情谊深厚，难舍难分。李白感激朋友们的友情，临行前写下了《金陵酒肆留别》：

> 风吹柳花满店香，吴姬压酒唤客尝。金陵子弟来相送，欲行不行各尽觞。请君问取东流水，别意与之谁短长？

这首诗的结构十分巧妙，诗人用具体形象的长江流水，比拟抽象的离别之情，意境含蓄而意味深长，惜别之情表现得淋漓酣畅。这一表现手法，为后代许多诗人所效仿。尤其值得注意的是，后代诗人以流水比拟情感之深长，多为调子感伤的愁情；而李白此诗表达的则是激动欢快的情绪，散漫着春天（青春）的气息与生机。毕竟此时的李白只有二十六岁，还不知道什么是忧愁哩！

5. 广陵散金

在一个“山花如绣颊，江火似流萤”(《夜下征虏亭》)的春夜，李白从月光映照下的金陵征虏亭出发，前往广陵。当时，广陵是全国最繁华的城市，大街小巷，纵横交错；店肆林立，星罗棋布；歌楼妓院，密如蜂窝。“十里长街市井连”(张祜《纵游淮南》)，“夜市千灯照碧云”(王建《夜看扬州市》)。不少士子来广陵纵游，往往流连忘返，最后钱财花尽，沦为“落魄公子”。李白来到广陵后，结交了不少朋友，经常聚在一起，饮酒赋诗，各抒怀抱。李白对那些花尽钱财的士子十分同情，仗义任侠，竭力接济他们。在李白眼里，金钱算得了什么！“人生贵相知，何必金与钱？”(《赠友人》)他慷慨大方，挥金如土，“不逾一年，散金三十万”(《上安州裴长史书》)。于是，“黄金逐手快意尽，昨日破产今朝贫”(《醉后赠从甥高镇》)，最终自己也成“落魄公子”了。李白后来称自己的这一行为是“轻财好施”(《上安州裴长史书》)。不幸的是，这年秋天，他又生了一场病。此时，“黄金散尽交不成”(《答王十二寒夜独酌有怀》)，他没有钱了，一些本来交往密切的人不理睬他了。李白尝到了世态炎凉，对自己的不幸遭遇感到迷茫。他觉得自己远离家乡，独居客地，犹如一片漂泊的浮云；而光阴在无情地流逝，功业前程十分渺茫。所有这些，突然给他带来无限的烦恼。他梦游故乡，思念蜀中的朋友，然而乡路远隔，好像远在天外。这里的风露寒气使人感到冷清寂寞，只有故乡的友情才能使他得到慰藉。于是，他写了一首《淮南卧病书怀寄蜀中赵征君蕤》，寄给这位蜀中的师友，向他诉说自己的不幸遭遇和思乡之情。青年李白生平第一次在诗中抒写了失意的情绪。

李白在这一年中，曾沿着江南运河东下，游历了苏州、杭州、越州（今浙江省绍兴市），又游天台山，到东海边，完成了“东涉溟海”(《上安州裴长史书》) 的第二阶段游历。在这段游历中，李白也留下了不少诗篇。《越女词五首》并非专写越女，而是写金陵和越中女子之天真娇羞、秀美可爱的一组诗，当是编集者将五首合成了组诗。这组诗语言风格清新活泼，显然是受南朝民歌的影响。《苏台览古》《越中览古》都是凭吊兴亡的佳作，尤其突出的是著名乐府诗《乌栖曲》：

姑苏台上乌栖时，吴王宫里醉西施。吴歌楚舞欢未毕，青山犹衔半边日。银箭金壶漏水多，起看秋月坠江波。东方渐高奈乐何！

这首诗的首二句渲染日落乌栖时，吴宫的幽暗氛围和美人西施的蒙眬醉态，而昏暗的氛围与纵情享乐的情景构成了鲜明对照，暗伏着乐极生悲的象外之意。接着二句对“吴歌楚舞”只是轻轻一点，重点是写时间在宴乐过程中的流逝。“欢未毕”“犹衔日”，微妙地反映出吴王夫差的纵乐不止，又与首句的“乌栖时”呼应，使“欢未毕”而日已暮带上了享乐难以久长的不祥之兆。又接着二句是写从日暮以后继续作长夜之欢的荒淫活动，但诗人不作正面描写，而是巧妙地从侧面着笔，以铜壶滴水之多来暗示漫长的秋夜即将消逝，秋月即将坠入江波，时间已近黎明。诗人将整夜狂欢场面作为留白，交给读者去想象。“秋月坠江波”与首句日落乌栖相呼应，使昏暗悲凉的氛围更为浓重。最后又突破《乌栖曲》旧题都以偶句结束的传统格式，加上一个单句结尾，而且结尾意味深长，发人深省。全诗构思的特点是以时间为线索，写出吴宫淫逸生活自暮达旦不断进行的过程。通过日暮乌栖、落日衔山、秋月坠江等富于象征色彩的物象，暗示荒淫君王不可避免的兴尽悲来的下场。全篇纯用客观叙写，不入一句贬辞，但讽刺意味却尖锐而冷峻深刻。李白的乐府诗和七言古诗，多雄奇奔放、纵横淋漓，而此诗却收敛含蓄、深婉隐微，“哀乐含情，妙在都不说破”（钟惺、谭元春《唐诗归》卷十六），寓意高远，成为李白乐府诗中的别调。后来，贺知章在长安读了此诗，说：“此诗可以泣鬼神矣！”（孟启《本事诗·高逸》）

第三章　在安陆

1. 结识孟浩然

开元十五年（727）秋天，李白来到江夏（今湖北省武汉市），然后沿汉江北上，游览司马相如在《子虚赋》里赞美不已的云梦大泽，“南游云梦，览七泽之壮观”（《秋于敬亭送从侄耑游庐山序》），这是李白当年读了这篇大赋后便向往不已的地方。云梦，据记载，为春秋、战国时期楚王的狩猎区。《战国策·楚策》说：“于是楚王游于云梦，结驷千乘，旌旗蔽日，野火之起也若云蜺，兕虎嗥之声若雷霆。”司马相如《子虚赋》：“臣闻楚有七泽，尝见其一，未睹其余也。臣之所见，盖特其小小者耳。名曰云梦。云梦者，方九百里，其中有山焉。”云梦地域相当广阔，包括山地、丘陵、平原和湖泊等多种地貌形态在内。云梦泽，又称云梦大泽，则是云梦狩猎区中局限于江汉平原以湖沼地貌为主的一部分，后来由于长江和汉水带来的泥沙不断沉积，汉江三角洲不断伸展，云梦泽范围逐渐减小，到唐代时已经解体为星罗棋布的小湖群。由于先秦著作记述云梦大多以其泽薮为主，因此汉、晋以来的注疏家也就想当然地将云梦狩猎区与云梦泽混为一谈，并一直为后世所沿袭。

随后，李白与元丹丘一起在安州（今湖北省安陆市）的寿山隐居下来。寿山，因在县城北，又称北寿山。他们还经常出游。在经过襄阳（今湖北省襄阳市）时，结识了隐居在鹿门山的著名诗人孟浩然。孟浩然比李白大十二岁，诗作风格清淡，多反映隐逸生活，尤其以山水田园诗著称于世。他虽然隐居山林，但诗名很大，后来人们把他与王维的诗歌艺术风格并称为“王孟诗派”。孟浩然是个很有政治抱负的人，但一直没有施展的机会。他性格耿介不俗，情操清白高尚，所以和李白一见如故，与元丹丘也成了好友。后来，他们往来非常密切。开元十六年（728）

暮春，孟浩然离开襄阳到广陵游历。途经江夏时，又与正在那里的李白相会。知己相逢，何等欢愉！在黄鹤楼开怀畅饮后，孟浩然扬帆东下。李白目送帆影越去越远，一直到最后消失在碧山尽头。他还是不愿离去，怅望依依，只看到一江春水浩浩荡荡地流向水天交接处。李白与孟浩然的这场离别，为人们留下了千古传诵的名诗《黄鹤楼送孟浩然之广陵》：

故人西辞黄鹤楼，烟花三月下扬州。孤帆远影碧山尽，唯见长江天际流。

诗中没有直接抒写惜别之情，而是融情入景，含不尽之意于言外，余味无穷。李白对孟浩然极为敬爱，直到孟浩然的晚年，李白在五律《赠孟浩然》中还说：

吾爱孟夫子，风流天下闻。红颜弃轩冕，白首卧松云。醉月频中圣，迷花不事君。高山安可仰？徒此揖清芬。

这首诗的首联点明题旨，总摄全诗。“爱”字是诗眼，是贯穿全诗的抒情线索。风流，指儒雅、潇洒的风度，是孟浩然品格的总概括，全诗围绕此二字展开笔墨。颔联和颈联申说“风流”所在，描绘孟浩然的高士形象。“红颜”与“白首”对举，概括从青壮年到晚年的生涯，从纵的方面写；“醉月”与“迷花”对举，概括隐居生活，从横的方面写；而“弃轩冕”与“不事君”是风流的核心，如果没有弃轩冕、不事君，那么“卧松云”“醉月”与“迷花”就显示不出高洁和脱俗，所以这两联的深意是耐人咀嚼的。中圣，是“中圣人”的简称，即醉酒。典出《三国志·魏书·徐邈传》，徐邈喜欢喝酒，当时醉酒的人称“酒清者为圣人，酒浊者为贤人”。中，动词，中伤的意思，这里是被动用法，被中伤之意。徐邈因为是饮清酒而醉，所以说：“中圣人。”“中”本应读去声，但此处要读平声才合辙。此两联写得很妙，是从两个不同角度展开描写的。颔联由“弃”而“卧”是从反到正的写法；颈联由“醉月”“迷花”而“不事君”，是从正到反的写法。纵横反正，笔法灵活，摇曳生姿，将孟浩然的高洁形象描写得非常充分，同时也深蕴着诗人的敬爱之情。于是尾联就水到渠成，直接抒情。孟浩然的品格像高山屹立，仰望不可及，故有“安可仰”之叹，只能对着他的高洁品格揖拜而已。这就比一般的赞仰又进了一层。此诗直抒胸臆，情深词显，自然古朴，格调高雅，巧用典故，无斧凿痕。从抒情到描写再回到抒情，意境浑成，感情率真，表现出诗人特有的风格。

2. 北寿山立志

从开元十五年到安陆，一直到天宝初奉诏入京，是李白确立政治理想并为此理想的实现而追求功业的时期。

李白在北寿山寓所，对自己出蜀后长江万里游的经历，作了认真的总结。本来他以为，凭借仗义任侠、广结豪杰，就可以建立声誉，为自己的政治生涯打开途径，但结果却是“黄金散尽交不成”，“功业莫从就”(《淮南卧病书怀寄蜀中赵征君蕤》)。他认识到，单凭这些行为是不可能使自己踏上建功立业之路的，必须另外寻找一条途径。从此以后，在李白事迹中任侠仗义的行为就比较少了。当时，大多数士子走的是科举取士的道路。在李白看来，这条路太普通平凡了，所以当年在大匡山隐居时就拒绝了绵州刺史的荐举。李白对自己的才能充满自信，自视甚高，“常欲一鸣惊人，一飞冲天”(范传正《唐左拾遗翰林学士李公新墓碑》），不求小官，而要一举成卿相。于是，他决定选择另一条道路：隐逸山林，等待君王赏识下诏征召。在当时，朝廷为了收罗人才，一方面推行科举制度，另一方面又经常下诏征召隐居的贤士，向他们询问政事，或请他们出山辅助君王。因此，李白选择这条道路，在唐代不是凭空妄想，是有实现的可能的。在李白之前，通过隐居入仕的不乏其人。

但当时人们对李白的做法却不以为然。淮南有一个姓孟的县尉，专门写了一篇移文，指责寿山是一座无德无名的小山，让李白这样的人隐居于此，是藏宝埋贤。移文，也称“移”“移书”，这一文体多用于晓谕和责备。李白为此写了《代寿山答孟少府移文书》。少府，是对县尉的敬称。此文用拟人的手法，以寿山的名义给孟县尉写回信。他列举古代的吕望（即姜太公）、傅说，他们原来都隐居在无名的小地方，后来终于为军师、做宰相，帮助周武王和殷武丁成就了一番大事业，以此说明天地不会隐匿珍宝。他强调了自己“不屈己，不干人”的处世原则，并详述了自己的志向：

申管、晏之谈，谋帝王之术。奋其智能，愿为辅弼。使寰区大定，海县清一。事君之道成，荣亲之义毕，然后与陶朱、留侯，浮五湖，戏沧洲，不足为难矣。

本文中李白的志向就是语出《孟子·尽心上》的“穷则独善其身，达则兼善天下”。他要像春秋时齐国的宰相管仲、晏婴那样做辅弼大臣，为君王出谋划策，充分施展自己的才能，辅佐君王治理天下，使天下安定，海内清平。等到完成了辅佐君王的事业，光耀了祖宗门庭，然后像春秋时越国大夫范蠡、汉高祖的谋臣张良那样，退隐江湖。这一番话，尤其值得注意的是，李白的主导思想是儒家的出仕思想。他要在功成之后再身退，也就是在完成儒家事业后，再去实践道家理想。其实，不仅如此，李白在这里综合了儒、道、墨、纵横等各家思想。韩愈《读孟子》曾说过：“儒墨同是尧、舜，同非桀、纣，同修身正心以治天下国家。”墨家的任侠并非匹夫之侠，目的还在于“利天下”，这与儒家的兼善思想原有“合拍”之处，此时李白显然在“兼善天下”这一点上将儒、墨两家思想统一了。而《老子》从“祸兮，福之所倚；福兮，祸之所伏”（五十八章）的观点出发，认为“功遂身退，天之道也”

（九章）。李白接受了这一思想，作为自己理想的归宿，这显然在“独善其身”一点上又使儒、道两家思想统一了。而李白想用王霸之道游说君主的方法，“谋帝王之术”，又显然是受纵横家的影响。由此可见，李白对先秦各家思想没有门户之见，而是按照自己认为是否合理去吸收有用之处，融合成自己独特的思想。因此，这是入世与出世、从政与还山、兼善与独善的统一。李白在《代寿山答孟少府移文书》中给自己确定了“功成身退”的目标，标志着李白政治理想的确立。从此之后，李白为实现这个目标而奋斗了一生。

3. 招亲许家

然而，李白在安陆北寿山的隐逸生活并不安宁。有一次，他因醉酒误撞了安州都督府长史李京之的车马，竟被抓到官府。初到此地，又无依无靠，李白感到既惭愧又害怕。后来虽然得到李京之的谅解，被很有礼貌地释放了，但还是昼夜不安。为此，他特地写了一封信——《上安州李长史书》——表示道歉，还送去几首诗请李京之指教。说也奇怪，不久李白却交了好运。当地最高军政长官——安州都督马正会，和李京之一起，接见了李白和元丹丘。马正会是一位儒将，文武全才，他夸奖李白的才华说："其他人的文章，就像没有烟霞的山峰，没有树木花草的春天，读了使人乏味。而李白的文章，清雄奔放，佳句络绎不绝，光明洞澈，句句动人。"不知是否和马都督有关系，就在这年冬天，李白竟和当地的名门望族许家攀了亲，与高宗时宰相许圉师的孙女结了婚。

许氏夫人是个知书达理、很有文采的女子。婚后，他们常在一起谈诗论文，生活得很美满。有一次，李白写了一首乐府诗《长相思》，最后两句是："不信妾肠断，归来看取明镜前。"夫人看后笑着说："你这是抄袭则天皇后的句子。"说罢，就把武则天写的《如意娘》诗拿给李白看。原来，那诗的后两句是："不信比来长下泪，开箱验取石榴裙。"与李白诗的意境和写法差不多。李白对夫人如此博学多才，很是敬佩。当时，李白把家安在白兆山桃花岩，环境清静，心情悠闲，每日诗酒相伴，好不快活。有一天，他写了一首与夫人开玩笑的《赠内》诗："三百六十日，日日醉如泥。虽为李白妇，何异太常妻？"这里用了一个典故。据《后汉书·周泽传》记载，周泽当了太常卿（掌礼乐祭祀的长官），经常一个人卧病在斋戒的房舍里。妻子去探问他的病况，他竟认为触犯斋禁，把她送进牢狱治罪。当时人讥笑说：“生世不谐，作太常妻。一岁三百六十日，三百五十九日斋。”李白用这个典故跟妻子戏谑，可见他们夫妻之间的感情是非常融洽的。

4. 遭谤

李白虽当了已故宰相的孙女婿，但此时许家毕竟失势了，加上李白天生一副傲骨，当地缙绅也就根本不把他放在眼里，对李白的隐居生活议论纷纷。李白把这些根本不懂得隐居快乐的人称作“俗人”，对他们的议论既觉得好笑，又觉得无奈：

> 问余何意栖碧山，笑而不答心自闲。桃花流水窅然去，别有天地非人间。
>
> ——《山中答俗人》

这首诗的首句设问，起得突兀，问者当然是“俗人”。提的问题很简单，为什么要隐居在青翠碧绿的小山中？第二句妙在“笑而不答”造成神秘的氛围和引人入胜的悬念。

"心自闲"既是诗人心境的写照，也表示对俗人提的问题只能心会而不能说出口，诗至此已是摇曳多姿、魅力无穷了。第三句宕开一笔，转为写景，化用陶渊明《桃花源记》的典故，写得幽美宁静，令人神往，使人联想到与世隔绝的桃花源里自由自在的世界。末句轻轻点明此中别有天地，不是普通人间之景，实际上就是对俗人"何意栖碧山"的回答，同时也把诗人热爱山水的心灵和幽默风趣的性格传神地表现出来了。

马都督和李长史调走后，一个姓裴的官员接任安州长史。开始，李白也曾与他见过几次面，可是不久毁谤中伤李白的谣言四起，裴长史由于听信了这些谣言，对李白就越来越冷淡了。李白不得不给裴长史写了一封信，要求他接见自己，让自己当面申辩雪谤。在这篇《上安州裴长史书》中，他详细叙述了自己的经历和光明磊落的品质，表明自己是无辜受谤，没有什么可以悔惜的，并立下誓言：如果那些谣言属实，自己甘愿让裴长史治罪。李白的态度很强硬，表明如果裴长史不肯接见自己，自己就要离开安州，永远拜别裴长史，到长安去投靠王公大人了，"何王公大人之门，不可以弹长剑乎"！此处借用战国时冯谖在齐国贵族孟尝君门下弹剑唱歌的故事。但裴长史居然不予理睬。李白感到安陆已经待不下去了，而君王的征召一时看来也没有希望。为了实现自己的理想和抱负，李白终于在开元十八年（730）春夏之交，告别夫人，沿着前往京城的大道去长安寻找建功立业的机会。

第四章　初入长安

1. 隐居终南山

开元十八年秋天，李白在南阳盘桓了一些时日后，风尘仆仆地来到京城长安。长安是唐朝政治、经济、文化的中心，大道纵横，货肆栉比，一片繁荣景象。但初次入京的李白，并没有选择在城中居住，而是来到长安南面的终南山，在松林间隐居下来。终南山，又称南山、太乙山、中南山，是秦岭山峰之一，当时有不少文人雅士隐居在此。《新唐书·卢藏用传》记载着这样一则故事：名士卢藏用科举考试失利后，就隐居在终南山。后来卢藏用得到武则天的召见，出山做官，一直做到尚书右丞的职位。睿宗时，隐居在天台山的道士司马承祯被征召到长安。司马承祯将还山时，卢藏用指着终南山对他神秘地说："此中大有嘉处。"司马承祯微笑一下，不紧不慢地说道："以仆视之，仕宦之捷径耳。"一语道破了卢藏用对终南山的特殊感情。这就是"终南捷径"一语的来历。李白隐居终南山，虽然不像卢藏用那样汲汲于仕宦，追求功名利禄，但有一点是相同的，就是希冀得到皇帝的垂顾，以实现自己的抱负。但李白与卢藏用这类人是有根本区别的：李白是为了实现"申管晏之谈，谋帝王之术"的政治理想，完成"安社稷""济苍生"的宏伟志愿，功成之后便要归隐山林；而卢藏用这类人，却是以追求高官厚禄、荣华富贵为其最终目的。《旧唐书·卢藏用传》说他"趑趄诡佞，专事权贵，奢靡淫纵，以此获讥于世"，可见卢藏用是缺乏节操的。

李白改变了在安陆的"不屈己，不干人"的隐逸道路，采取隐居和干谒相结合的方法：表面上在终南山隐居，实际上并没有与世隔绝。恰恰相反，他到了终南山，就立即在长安周围开展广泛的社交活动。不久，他结识了崔宗之。崔宗之是睿宗时宰相崔日用之子，当时正在尚书省任职。此人品德高尚，喜欢结交朋友。他与李白一见如故，谈得相当投机，深恨相见太晚。对李白横溢的才华和出众的风采，崔宗之大为倾倒。他们在一起饮酒赋诗，弹琴唱歌，相处得十分融洽。崔宗之告诉李白，在嵩山南面有他的别墅，那里环境安静，风光绮丽，希望李白和他一起到那里去隐居，但李白婉言谢绝了。他对崔宗之说，只要他俩经常携手在一起，又何必一定要到嵩山去呢？其实，李白当时隐居终南山，是有一番苦衷的：他到长安是来求取功名的，隐居并不是他的目的，而隐居在终南山，要比在嵩山更易接近皇帝。从这里可以看出，当时李白想要建功立业的愿望，是何等迫切！

2. 在玉真公主别馆作客

由于崔宗之的关系，李白又结识了严协律、房习祖、黎昕、许莹等人。但要想找到政治出路，实现政治理想，就必须接触朝廷中的显赫人物。李白在离开安陆前写的《上安州裴长史书》中曾说："何王公大人之门，不可以弹长剑乎？"他来长安之前，就已经考虑好要在哪些"王公大人之门""弹长剑"了。李白在蜀中拜见过的前辈名臣许国公苏颋，已在四年前去世了，而与苏颋齐名的燕国公张说，这时正担任宰相。李白想到当年苏颋赞赏他的一席话，在社会上很有影响，就想依靠这个关系去拜见张说。大约是通过崔宗之的引荐，李白终于见到了张说，但这时张说已经重病在身。就在这年冬天，张说也去世了。这时，李白与张说的儿子张垍、张埱有了密切的交往。当时，张垍也算是个文学之士，做着卫尉卿的高官。玄宗不仅把最喜欢的宁亲公主下嫁给他，还让他在宫内置内宅，把他安置在身边作为文章侍从官。据史书记载，张垍是个贪婪浅薄而又忌才的小人。后来安禄山叛乱时，他便投降叛贼，做了伪宰相，可见品质极坏。但当时他是驸马，深得玄宗的宠爱，“赏赐珍玩，不可胜数”。有一次，他又拿着玄宗赏赐的珍奇玩物在哥哥张均面前炫耀，张均讥笑道：“这没有什么了不起。这是丈人送给女婿，并不是皇帝赏赐学士。”张垍的弟弟张埱，当时是负责掌管国家大印的符宝郎，也是个“听歌舞银烛，把酒轻罗霜”（《夜别张五》）的花花公子。这些人并不是李白真正想要结交的，他只是想通过应酬，希望他们能在皇帝那里引荐自己。特别是皇帝的宠婿张垍，李白对他抱有极大的希望。

玉真公主是睿宗第十女、玄宗之妹，于太极元年

（712）出家为女道士，以方士史崇玄为师，后又从司马承祯修道，赐号持盈。开元十九年（731）秋，由张垍安排，李白来到终南山玉真公主的别墅作客。但是很不巧，当时玉真公主正出游华山、嵩山等地，李白没有能够见到这位“弄电不辍手，行云本无踪”(《玉真仙人词》) 的玉真仙人。李白独自在这所别墅里住着，等待张垍向玄宗引荐自己的消息。可是他哪里知道，张垍是个妒贤嫉能、一心只想自己往上爬的小人，根本不会帮他什么忙。此时，诗人独自坐在贵族的别馆里，秋雨连绵，烟水迷蒙，更显萧条寂寞。满怀忧闷迷惘，却只能以酒浇愁。诗人自以为有管仲、乐毅之才，可是无人赏识，只能像当年冯谖在孟尝君门下那样，在王公大人门前弹长剑。李白在这样的心境下，写了《玉真公主别馆苦雨赠卫尉张卿二首》:

其一

秋坐金张馆，繁阴昼不开。空烟送雨色，萧飒望中来。翳翳昏垫苦，沉沉忧恨催。清秋何以慰？白酒盈吾杯。

吟咏思管乐，此人已成灰。独酌聊自勉，谁贵经纶才？弹剑谢公子，无鱼良可哀。

其二

苦雨思白日，浮云何由卷？稷卨和天人，阴阳乃骄蹇。秋霖剧倒井，昏雾横绝巘。欲往咫尺涂，遂成山川限。潨潨奔溜泻，浩浩惊波转。泥沙塞中途，牛马不可辨。

饥从漂母食，闲缀羽陵简。园家逢秋蔬，藜藿不满眼。蟏蛸结思幽，蟋蟀伤褊浅。厨灶无青烟，刀机生绿藓。

投箸解鹔鹴，换酒醉北堂。丹徒布衣者，慷慨未可量。何时黄金盘，一斛荐槟榔。功成拂衣去，摇裔沧洲旁。

诗中借“苦雨”抒发内心的苦恼。连日的秋雨倾泻，造成山洪暴发，泥沙塞途，寸步难行。诗人孤零零地住在这结满蛛网、蟋蟀哀鸣的荒园里。厨房中没有炊烟，厨刀生锈，案板上长满苔藓。腹中饥饿了，只能向农妇乞食。闲着就修补手头的几本破书。无聊、苦闷、焦虑，一起涌上他的心头：自己虽是一介布衣，但学富五车，怀有济世之才，但又能得到谁的赏识呢？他用身上的裘衣去换了酒，独自闷饮，一醉方休，以解心中的忧闷。他用南朝刘穆之穷困时被内弟奚落的故事，暗示自己总有一天会得志，到时候会像刘穆之那样以黄金盘装上槟榔相报，以此调侃张垍。诗的最后，诗人一如既往地表达了功成身退，绝不贪恋世俗艳羡的高官厚禄的志向。这两首诗抒写穷困处境和苦闷心情，风格沉郁，诗意蕴藉，与李白一贯的豪放诗风不同。张垍读了李白这两首诗后，也就更疏远他了。

3. 西游邠坊

李白如梦初醒，来长安前犹如五彩泡沫的幻想，终于破灭了。他深深感到，在王公大人门前弹长剑并非易事，“弹剑作歌奏苦声，曳裾王门不称情”(《行路难三首》其二)。虽说“长安大道横九天”(《峨眉山月歌送蜀僧晏入中京》)，但要接近皇帝，却还是阻碍重重，难于登青天。就是从这时起，李白运用乐府旧题，写诗抒怀，倾泻内心的不平，抒发不遇的苦闷。《长相思》就是其中著名的一首：

长相思，在长安。络纬秋啼金井栏，微霜凄凄簟色寒。孤灯不明思欲绝，卷帷望月空长叹。美人如花隔云端。上有青冥之高天，下有渌水之波澜。天长路远魂飞苦，梦魂不到关山难。长相思，摧心肝！

这首诗的开头便点明相思对象所在地。“络纬”二句写相思者居处的环境：深秋夜晚，井栏边虫声唧唧，如霜月色照在竹席上发出寒光，营造出凄清悲凉的氛围。接着刻画人物内心活动：在摇曳欲灭的孤灯前坐着的人痛苦欲绝，他走到窗前卷起窗帷，望着明月，更生发无限相思，徒然长长叹息。现实中思念的美人遥不可见，于是只能到梦魂中求索。可是，这位美人在梦中依然难以相见！这对于相思者来说，是何等绝望和痛苦！诗的末两句，以极度伤心乃至心肝欲碎的悲叹作结。全诗深刻地写出了痛苦绝望的相思之情。从表面看，仿佛是一首情诗。但自屈原《离骚》以来，诗人们常用比兴手法，将自己的政治理想或者君王比作美人，这首诗显然是继承了这一传统。以“长安”作为相思对象即美人所在地，此美人显然就是指君王。以“青冥高天”“渌水波澜”“天长路远”“梦魂不到”比喻君王难见；以“长相思”表示对理想的执着追求，以“摧心肝”形容追求理想失败的深沉痛苦。正因为这首诗是诗人用血泪写成，所以千余年来一直震撼着每个读者的心。

李白觉得，自己虽然在长安徘徊已久，但并未觅到知音，于是决定离开长安，到西北一带去游历。“西来何所为？孤剑托知音”(《留别王司马嵩》)，希望能在那里找到知音，帮助自己获得辅佐君王的机会。

在一个秋天的傍晚，李白怀着失意的苦楚下了终南山。不一会儿，月儿高照，整个山林显得格外寂静。李白回头看看刚走过的小径，在月光下好像一条玉带，蜿蜒在青翠的山林间。李白对这夜景赞叹不已，忽然听到有人叫他。回头一看，原来是他的朋友斛斯山人。斛斯山人不由分说，就把他拉到家里做客。穿过绿竹丛中的小径，蔓延的青萝在微风中飘动，不时轻拂诗人的衣襟，似乎也在热情相邀。来到斛斯山人的家门口，他的孩子们欣喜地打开柴门，拉住李白的手，请他进屋。斛斯山人拿出平时舍不得尝一口的美酒，与李白开怀畅饮。李白带着几分醉意放声高唱，豪放的歌声和山林间的松涛声交织在一起，在寂静的深夜久久回响。一曲唱罢，斛斯山人高兴得像孩子一样拍掌叫好。这一切，使李白沉浸在无忧无虑的欢乐之中，暂时忘却了愁苦。这是李白《下终南山过斛斯山人宿置酒》记叙的经历。全诗用赋体手法写山中幽静景色，以及与山人歌酒取乐以臻陶然忘机的境界。情感淳厚，语言质朴，风格飘逸清旷，闲澹入妙。

暮秋，李白到了邠州新平（今陕西省彬州市）。但是，在邠州也没有找到知音。他感慨万分，觉得自己就像被关在槛中的猛虎、被绳笼套住的雄鹰一样，根本无法施展自己的抱负。暮秋时节，寒风瑟瑟，落叶漫天乱坠，满目荒凉，他的心简直要碎了。开元二十年（732）初春，他无可奈何地离开了邠州，抱着一试的想法，来到坊州（今陕西省黄陵县）寻找知音。虽然已是初春时节，但远峰仍然盖着皑皑积雪，城中更是寒气袭人，没有一丝春意，好像春天的气象被深锁了起来似的。可是李白没有想到，他在这里受到了坊州司马王嵩和阎正字的欢迎。王司马和阎正字热情地设宴款待他，为他洗尘。李白感到欣喜，竟然“愁颜发新欢”（《酬坊州王司马与阎正字对雪见赠》），觉得昏暗的前程如今竟然现出一线光明。他神采飞扬，慷慨激昂地向王司马和阎正字叙谈了自己要“安社稷”“济苍生”的政治理想，最后迫切地说：“主人苍生望，假我青云翼。风水如见资，投竿佐皇极。”就是说，为了找寻替国家出力的道路，很希望能得到两位朋友的帮助。然而，官卑职小的王司马、阎正字，虽然对李白的宏伟志愿表示敬佩，但实在是爱莫能助，只能对他不为朝廷所用而深表惋惜。李白无奈地感叹道："余亦南阳子，时为《梁甫吟》。"(《留别王司马嵩》) 认为自己就像当年高卧隆中的诸葛亮一样，还不到出山的时机。

暮春，李白抱着失望悲凉的心情回到终南山。终南山，还是与他离开时一样。一路上，他无聊地寻看溪中的清水，眺望岩下的山石。来到住处，只见蔷薇沿着东窗繁茂生长，青萝绕着北墙焕发展开。他有些惊讶：离开这里才多长日子，这些草木就长了那么多！草木蓬勃的活力给了诗人振奋的力量，"且复命酒樽，独酌陶永夕"！(《春归终南山松龙旧隐》) 是呀，人生道路上的这些挫折算得了什么？还是摆好酒樽，独自开心地喝个通宵吧！

4. 与斗鸡徒起冲突

这个时期，唐玄宗在政治上已不再像即位初期那样励精图治，而是纵情声色，宠信高力士等宦官。当时，宦官中只要玄宗喜欢的，便会被授予很高的官品。他们不仅得到玄宗巨额黄金赏赐，还在长安城里大肆占有高级住宅和园林，于是，"帝城中甲第、畿甸上田、果园池沼，中官参半于其间矣”(《旧唐书·高力士传》)。由此可以想见宦官的权势。据陈鸿《东城父老传》记载，玄宗还在王府的时候，就很喜欢民间清明节斗鸡的游戏。等到做了皇帝，便在东西两宫之间建了鸡坊，终日“斗鸡金宫里”(《古风》其四十六)。于是，皇亲国戚、宦官臣僚，以至于民间百姓，都沾染上了“斗鸡热”。当时有个名叫贾昌的小孩，因善于斗鸡而得到玄宗的宠幸，“金帛之赐，日至其家”。贾昌得到玄宗的喜爱，连他父亲也沾了光。开元十三年（725）玄宗到泰山封禅，贾昌和父亲贾忠带了三百只鸡随从。贾忠死在泰山下，贾昌得到玄宗特许，以孝子之礼送父尸归葬于长安近郊。一路上，县官替他备办好棺材和丧车，由驿站传递接送。因此，当时社会上流传着这样一首民谣：“生儿不用识文字，斗鸡走马胜读书。贾家小儿年十三，富贵荣华代不如。能令金距期胜负，白罗绣衫随软舆。父死长安千里外，差夫持道挽丧车。”开元十四年三月，贾昌身穿斗鸡服，到骊山温泉宫朝见玄宗，当时天下号称为“神鸡童”。玄宗之昏聩，由此可见一斑。李白在长安目睹这些现象，十分痛心，深恨这些斗鸡徒败坏国事。有一次，李白竟在长安北门外与一批斗鸡徒——五陵恶少发生了冲突。当时，李白正从那里经过，迎面过来些斗鸡徒，他们一路上嚣张跋扈，行路的人都惊恐万分。李白按捺不住心头的怒火，与他们争斗起来。他在斗鸡徒的包围中，施出浑身解数，左突右冲，但怎么也冲不出去。正在这危急时刻，他的朋友陆调赶来相救，才使他脱离危险。李白对宦官的权势和斗鸡徒的猖狂非常反感。有一次一队大车在他身边飞驰而过，扬起的灰尘使正午的道路昏暗不清。车上的宦官趾高气昂，气焰直冲云霄，几乎要干扰天上的彩虹，路上的行人唯恐避之不及。宦官和斗鸡徒的胡作非为，使李白深为愤恨，他写下了著名的《古风》其二十四：

> 大车扬飞尘，亭午暗阡陌。中贵多黄金，连云开甲宅。路逢斗鸡者，冠盖何辉赫！鼻息干虹蜺，行人皆怵惕。世无洗耳翁，谁知尧与跖！

诗的最后两句用了一个典故：古代传说中有个高士名叫许由，当时的君主尧要把帝位让给他，他觉得这话弄脏了自己的耳朵，特地跑到水边去洗耳，被人称为“洗耳翁”。尧是传说中的圣君，跖是传说中的大盗。李白感慨当今没有像许由那样不贪图荣华富贵的人，怎么能分清好人与恶人！在盛唐治世，李白敢于直言，讽刺统治者不辨善恶，表达自己的愤慨，体现出敏锐的眼光和超人的胆识。

5. 蜀道难

李白初入长安三年，不仅没有找到接近皇帝的机会，无从实现建功立业的抱负，还饱尝人世间行路的艰难。著名的乐府诗《行路难三首》，就是在这一时期创作的。“欲渡黄河冰塞川，将登太行雪暗天”，这是多么艰险的道路啊！他在诗中把郁积的悲愤喷发出来：为什么“大道如青天，我独不得出”？开元盛世，仕宦的道路像青天一样宽广，多少人得到朝廷重用，得以建立功勋，只有自己困窘失路。他认为，原因就在于“淮阴市井笑韩信，汉朝公卿忌贾生”，一班势利小人看不起布衣，掌权的公卿又嫉妒贤才，自己的遭遇就像当年韩信受辱、贾谊遭忌一样。他感叹战国时的燕昭王已经死去很久，如今再也没有像燕昭王那样的贤君了。正由于他的求贤、礼贤、用贤，得到了那些贤士的竭诚尽力、以才相报，才取得了伟大功业。他觉得与长安那批斗鸡走狗之徒为伍，是多么可耻；而要在王公大人门下“弹剑作歌”，苦苦哀求，又不合自己的意愿。他大声疾呼："行路难，行路难！多歧路，今安在？"可是，大声疾呼又有什么用呢？李白是孤独的，但孤傲的个性是他生命的底色，即使是在只能愤慨地长叹"行路难，归去来"时，仍然不失傲气。既然建功立业的道路如此艰难，何况"吾观自古贤达人，功成不退皆殒身"，像伍子胥、屈原、陆机、李斯这些贤能之士，都曾经建功立业，只是未能功成身退而不得善终。既然如此艰难，又如此凶险，那就回去吧！李白初出山林就遭到这样的打击，难免有些消沉，"且乐生前一杯酒，何须身后千载名"！但这种消极的念头只是一闪而过，他对自己的前途仍然充满信心，深信"长风破浪会有时，直挂云帆济沧海"，大显身手的一天总会来到的。

就在这时，有位名叫王炎的友人，要穿越秦岭到蜀中去，李白写了描绘蜀道艰险的《剑阁赋》和《送友人入蜀》诗送他。自己的不幸遭遇和友人要去蜀中游历，使他突然联想到六朝诗人阴铿写的《蜀道难》中，有"蜀道难如此，功名讵可要"这样两句诗。这三年来在长安的遭际，使他切身体会到，追求功名确实像穿越蜀道一样，比登天还艰难。于是，古代关于蜀道的神话传说、蜀道的种种艰险景象，与自己遭遇的人生道路的艰险，完全融合在一起，李白一生中最出色的代表作《蜀道难》诞生了：

噫吁嚱！危乎高哉！蜀道之难，难于上青天！

蚕丛及鱼凫，开国何茫然！尔来四万八千岁，不与秦塞通人烟。西当太白有鸟道，可以横绝峨眉巅。地崩山摧壮士死，然后天梯石栈方钩连。

上有六龙回日之高标，下有冲波逆折之回川。黄鹤之飞尚不得过，猿猱欲度愁攀缘。青泥何盘盘，百步九折萦岩峦。扪参历井仰胁息，以手抚膺坐长叹。

问君西游何时还？畏途巉岩不可攀。但见悲鸟号古木，雄飞雌从绕林间。又闻子规啼夜月，愁空山。蜀道之难，难于上青天，使人听此凋朱颜！

连峰去天不盈尺，枯松倒挂倚绝壁。飞湍瀑流争喧豗，砯崖转石万壑雷。其险也若此，嗟尔远道之人胡为乎来哉？

剑阁峥嵘而崔嵬，一夫当关，万夫莫开。所守或匪亲，化为狼与豺。朝避猛虎，夕避长蛇，磨牙吮血，杀人如麻。锦城虽云乐，不如早还家。蜀道之难，难于上青天，侧身西望长咨嗟！

诗的开头就连用三个口语感叹词，惊呼蜀道的高危奇险，用“难于上青天”这一极度夸张的比喻作为全诗的主旋律，为全诗奠定雄放基调。第二段写蜀道的来历。诗人宕开一笔，借神话传说追叙秦蜀开辟道路的艰难，充满神秘色彩。第三段具体描写蜀道的艰险。先总写：“上有”两句，一上一下，一山一水，一高一险，用惊人的想象和夸张形容山高水险，形象而得当。善于飞翔的黄鹤飞不过去，善于攀援的猿猱爬不过去，可见蜀道何等艰险！接着，又用最曲折高险的青泥岭作为特写，使人真切感受到百步九折、手摸星辰、山高缺氧而呼吸困难的奇险处境。第四段渲染蜀道的阴森气氛。警告友人“畏途巉岩不可攀”，从古木悲鸟生发气氛，又以子规悲啼呼应“问君西游何时还”，引出主旋律的再次响起，用“凋朱颜”加深旅愁描写效果。第五段直接用峭峰飞瀑渲染蜀道的险恶，并对西游者表示关心。最后一段从自然界之险写到据险作乱的社会人事之险，规劝西游者早日归家。“朝避猛虎”四句极写险象的惊心动魄，劝告友人不可贪享眼前之乐而忘记险象，“不如早还家”。主旋律第三次响起，与开头、中间呼应，真可谓一唱三叹，回肠荡气。结句“侧身西望长咨嗟”，凝聚着诗人无限感慨，“收得住，有无限遥情”(《唐宋诗醇》)。全诗七言为主，又有三言、四言、五言、九言、十一言，随着感情起伏变化而长短错落。诗中将丰富的想象、奇特的比喻、惊人的夸张、奔放的语言、磅礴的气势融汇一体，形成雄奇飘逸的风格，使旧题乐府获得了崭新的生命，表现出诗人杰出的艺术才能。中晚唐之际的诗人姚合《送李余及第归蜀》诗中说：“李白《蜀道难》，羞为无成归。子今称意行，所历安觉危?”可见当时人们已经认识到李白写《蜀道难》的寓意：功业无成。

《蜀道难》寄寓的内涵如此幽深，表达的情感如此强烈，艺术手法如此高妙，在当时就震动了诗坛。据说，后来八十高龄的太子宾客贺知章在老子庙遇到李白，先是被李白出众的风采吸引住了，接着就向李白索诗，李白把这首《蜀道难》送给他看。贺知章边读边赞，最后竟激动得老泪纵横，称李白绝非人世之人，定是“天上谪仙人”。说罢，就从腰带上解下金龟，拉着李白到酒楼去换酒喝。贺知章的赞赏，使李白的诗名传遍天下，从此“天上谪仙人”的美名流传千载万代。李白与贺知章结识后，交往十分密切。当时，李白、贺知章、崔宗之、李适之、李琎、张旭、苏晋和焦遂，被人称为“饮中八仙”，这不仅因为他们八人都有奇大的酒量，还因为他们都有狂放不羁的性格。杜甫后来还写了一首《饮中八仙歌》，描写他们的性格和酒量。

李白初入长安，共住了三年。大约在开元二十一年（733）五月，李白离开了长安，乘船从黄河东下。不久，舟行抵达梁园。梁园，即梁苑，又称兔园，西汉梁孝王刘武所建。《史记·梁孝王世家》："于是孝王筑东苑，方三百余里。广睢阳城七十里。"梁苑规模宏大，是集离宫、亭台、山水、奇花异草、珍禽异兽、陵园为一体的苑囿，故址在今河南商丘。梁孝王经常在这里狩猎、游赏、宴宾，当时名士如司马相如、枚乘、邹阳等都曾是座上宾。到唐代时，梁园已经荒芜，仅存故址。李白这一时期本来就有些消沉，凭吊遗迹，不禁发出阵阵慨叹：当年豪贵的信陵君，如今坟墓都保不住；梁孝王的华丽宫殿，现在也已不见踪迹；枚乘、司马相如也早已作古，那轻歌曼舞都烟消云散了，空留下汴水依然东流到海。人生本来就应该通达知命，岂可自寻烦恼？不如暂且登楼饮酒，及时行乐吧！他在《梁园吟》中高唱："人生达命岂暇愁，且饮美酒登高楼。"然而，以狂饮豪博的颓废生活方式来压制积极进取的精神取向，在这一时期是徒劳的。在李白内心深处，念念不忘的仍然是"济苍生"的宏愿。他深信将来终究会像谢安那样，东山再起，实现“济苍生”的抱负。因此，在《梁园吟》的最后，他豪迈高唱：“歌且谣，意方远。东山高卧时起来，欲济苍生未应晚！”

第五章　隐居和干谒

1. 拜见韩朝宗

开元二十一年（733）秋后，李白回到了安陆，与夫人许氏和女儿平阳团聚。家人团聚的热烈气氛暂时冲淡了他内心的苦楚。这时，他的好友元丹丘已经隐居嵩山，因思念李白，多次写信邀请李白全家前往。李白本来就爱好道隐，加上这次探求政治出路的失败，游仙对他的吸引力自然就更大了。他感激元丹丘的友情，愉快地接受了邀请，打算率领全家一起隐居山林，远离尘世："拙妻好乘鸾，娇女爱飞鹤。提携访神仙，从此炼金药。"（《题嵩山逸人元丹丘山居并序》）大概是受李白的影响，许氏和平阳也都爱好游仙。但后来不知什么原因，还是李白一个人到了嵩山，与元丹丘一起过隐居生活：“朝饮颍川之清流，暮还嵩岑之紫烟。”（《元丹丘歌》）但李白并没有从此与世隔绝——政治理想尚未实现，怎能安心隐居山林呢？于是在这期间，他穿梭于嵩山、汝州、洛阳之间，进行社交活动。

这一时期，李白的思想很复杂，第一次探求政治理想的失败，在他思想上抹上了一层阴影。因此，从表面上看，他的情绪似乎十分消极颓废，在许多诗中主张及时行乐：“百年三万六千日，一日须倾三百杯。”（《襄阳歌》）“古来圣贤皆寂寞，惟有饮者留其名。”（《将进酒》）实际上，这只是他怀才不遇的愤激之词，是内心苦闷的发泄，而其主导思想还是向往着建功立业，深信“天生我材必有用”（《将进酒》）。因此在行动上，他对功业的追求仍表现得非常强烈：一方面他隐居山林，以增强声誉，等待时机；另一方面，又经常去拜谒一些有名望的地方官，请求他们向朝廷举荐自己。

开元二十二年（734），韩朝宗出任荆州（今湖北省荆州市）大都督府长史兼襄州（今湖北省襄阳市）刺史。韩朝宗向来以喜欢提拔后进而享有盛名，当时人们传颂说

“生不用封万户侯，但愿一识韩荆州”。李白在长安的时候就知道，崔宗之、房习祖、黎昕、许莹等人都是由于韩朝宗的推荐而入朝做官的。因此，李白对他很仰慕，也很想得到他的荐引。现在，韩朝宗来到襄阳做地方长官，李白自然欣喜万分，觉得机不可失。于是，他头戴高冠、身佩长剑，赶到襄阳拜见韩朝宗。与此同时，他还写了著名的《与韩荆州书》。在这封信里，他颂扬了韩朝宗善于赏识人才的品德，歌颂了他的创作才能，称韩朝宗在社会上已被公认是掌握文章命脉、衡量人物高下的权威，所以天下的才俊纷纷投到他的门下，请他品评。李白也介绍了自己的经历和出众的才华：“十五好剑术，遍干诸侯；三十成文章，历抵卿相。虽长不满七尺，而心雄万夫。王公大人，许与气义。”“请日试万言，倚马可待。”表示自己很愿意投在韩朝宗门下，希望能给予“盈尺之地”，使他能“扬眉吐气、激昂青云”。字里行间，剧烈跳动着李白的济世脉搏。这封信和李白的诗歌一样，写得激情四射，具有巨大的气势和力量，生动体现了他的自信心和豪迈个性。不愧为李白文章的代表作，因此千百年来传诵不绝。

可偏偏这位“使海内豪俊，奔走而归之”的韩朝宗，却不能赏识李白的才华，对他不予理睬。虽然李白信中说，希望韩朝宗能够开阔心胸，不要因为自己的长揖不恭而拒绝接见。大概韩朝宗也是不满李白那种孤傲的态度吧。韩朝宗的冷漠态度，对李白是一个十分沉重的打击。他感到痛苦和失望，无可奈何地离开了襄阳，前往江夏。在江夏，李白触景生情，想起东汉末年的名士祢衡因受到荆州牧刘表的轻视，被送到江夏，后来被江夏太守黄祖所杀。才智之士不仅得不到施展抱负的机会，反而落得个悲惨的结局。他在《暮春江夏送张祖监丞之东都序》中说："刘表不用于祢衡，暂来江夏。"把韩朝宗比作刘表，而以狂士祢衡自喻，对自己不能为韩朝宗所赏识，致使落得有才无命、报国无门的境况，深感苦闷无奈。

就在这时，李白在江夏遇到了武后时著名诗人宋之问的弟弟宋之悌。宋之悌是位武将，曾任右羽林将军、益州长史兼剑南节度使、河东节度使兼太原尹等要职。这次因事牵连，垂暮之年被贬流放朱鸢（今越南河内市南），路经江夏。朱鸢在唐代属安南都护府交趾郡（安州）。李白与这位以骁勇著称的老将军感情很深，特意为他饯行。"人分千里外，兴在一杯中"（《江夏别宋之悌》），与友人作千里之别原是悲哀的，但李白不说"悲"而说"兴"，并用"一杯"对"千里"，既表现出豪迈和洒脱，又有惆怅和无奈的情绪。他们从阳光初照的早晨，一直痛饮到江上晚风徐来。李白为这位老将军远谪蛮荒之地的不幸而叹息、悲泣，“平生不下泪，于此泣无穷”。实际上，这“泣”中又何尝不饱含诗人自己失意的辛酸呢！

2. 梁甫吟

不久，李白和崔宗之一起游览南阳（今河南省南阳市）。这里是东汉末诸葛亮隐居的地方，留下了他当年高卧隆中的遗迹。李白瞻仰这位古人的遗迹，想到诸葛亮当年出山前曾高歌《梁甫吟》，哀叹空怀杰出的济世才能，却无人了解。梁甫，一作“梁父”，是泰山下小山名字。东汉文学家张衡在《四愁诗》中说“我所思兮在太山（即泰山），欲往从之梁父艰”，将泰山比作君主，梁父比作小人。意思是说：意欲辅助君主，但为小人之馋邪所阻。李白觉得自己现在的处境与当时的诸葛亮是多么相似啊！他不禁浮想联翩，古人吕尚（即姜太公）、郦食其的遭际，又出现在他的眼前：吕尚虽然五十岁时还在棘津（今河南省延津县东北）做小贩，七十岁还在朝歌（今河南省汤阴县）屠牛，八十岁还在磻溪（今陕西省宝鸡市东南）钓鱼，但九十岁时终于遇到周文王，而被重用。郦食其自称高阳酒徒，初见刘邦时长揖不拜，为刘邦所轻视，但凭他的雄辩和才能，感动了刘邦，受到刘邦的认真接待；后来他为刘邦到齐国游说，取得齐国七十余城，立下了大功。吕望和郦食其，一位是长期失意的贤者，一位是一时落拓的狂生，最终都因遇见明主而成就一番大事业。李白想到自己胸怀大志，满腹经纶，企盼追随明主建功立业却如此之难。他认为，这完全是因为君主身边的小人阻拦，以致贤能之士无法接近君主。李白用《梁甫吟》这个乐府旧题，写下了一首著名长诗，抒写自己复杂的心情：

长啸《梁甫吟》，何时见阳春？

君不见朝歌屠叟辞棘津，八十西来钓渭滨。宁羞白发照渌水，逢时壮气思经纶。广张三千六百钓，风期暗与文王亲。大贤虎变愚不测，当年颇似寻常人。

君不见高阳酒徒起草中，长揖山东隆准公。入门开说骋雄辩，两女辍洗来趋风。东下齐城七十二，指麾楚汉如旋蓬。狂客落拓尚如此，何况壮士当群雄！

我欲攀龙见明主，雷公砰訇震天鼓。帝旁投壶多玉女，三时大笑开电光，倏烁晦冥起风雨。阊阖九门不可通，以额叩关阍者怒。

白日不照吾精诚，杞国无事忧天倾。猰貐磨牙竞人肉，驺虞不折生草茎。手接飞猱搏雕虎，侧足焦原未言苦。智者可卷愚者豪，世人见我轻鸿毛。力排南山三壮士，齐相杀之费二桃。吴楚弄兵无剧孟，亚夫咍尔为徒劳。

《梁甫吟》，声正悲。张公两龙剑，神物合有时。风云感会起屠钓，大人岘屼当安之。

整首诗一气呵成，意脉清晰，气势磅礴。开篇即设问“何时见阳春”，“阳春”即喻明主。点明了主旨：感叹不知何时得以遇见明主，施展自己的抱负。随后，通篇用典故，列举历史人物的遭际，结合自己的经历，揭露朝政的昏暗，表达自己怀才不遇的激愤之情。最后六句，从正面回答了篇首设问的主旨：强烈自信终有一天君臣遇合，风云际会。而目前应该安守困境，以待时机。诗的结尾表达出的坚定信念，反映出李白的用世之心，并不因为之前遭受的挫折而有所削弱。现在，李白懂得了要等待时机，他也真的开始了等待。

3. 酒隐生涯

在此期间，李白仍然隐居嵩山，并经常来往于洛阳、嵩山和安陆之间。在洛阳，他结识了元丹丘的从兄弟元演，他们之间结下了深厚的友谊。当时洛阳有一位姓董的酒商，特意为李白在天津桥边造了一座酒楼。李白和元演经常在那里恣情酣饮，“黄金白璧买歌笑，一醉累月轻王侯”(《忆旧游寄谯郡元参军》)。有一次，李白因家中有事，回到安陆。不久，元丹丘和元演来访问李白，三人又一起到随州（今湖北省随州市）拜访司马承祯的再传弟子、著名道士李含光的弟子胡紫阳。这时正是暮春季节，一路上繁花似锦。他们渡过曲折回绕的溪流，耳听松涛声在山谷中回荡，兴味盎然地来到了随州。他们一下马，就受到随州刺史的亲切接待。胡紫阳高兴地在苦竹园的餐霞楼设宴款待他们。席间，胡紫阳听说李白精通音乐，就请他吹玉笙。李白也不推辞，手捧玉笙尽情吹奏，那美妙的乐声在餐霞楼上袅袅绕梁，宛如鸾凤和鸣。随州刺史情不自禁地和着乐曲声翩翩起舞，长长的袖子在空中飞舞，飘飘然仿佛要离地升天。李白终于醉倒了，随州刺史脱下身上的锦袍为他盖上，让他把头枕在自己的腿上酣睡。这段生活是相当愉快的，李白后来在《忆旧游寄谯郡元参军》诗中，津津有味地作了追叙：“紫阳之真人，邀我吹玉笙。餐霞楼上动仙乐，嘈然宛似鸾凤鸣。袖长管催欲轻举，汉东太守醉歌舞。手持锦袍覆我身，我醉横眠枕其股。”三人在随州分手，元演回长安，元丹丘回嵩山，李白仍回安陆。

开元二十三年（735），元演的父亲当了太原尹，元演便邀请李白同游太原（今山西省太原市）。这年五月，骄阳似火，他们不顾炎热和艰难，从羊肠小道翻越太行山，终于来到太原。在这里，李白受到元家父子的热情款待。主人的真诚感情、宴席上的美味佳肴与精美的盛器，使李白兴致盎然。他感激地对元家父子说：“你们这样的款待，使我感到就像在自己家里一样温暖。”李白游览了著名的晋祠，清澈如碧玉的晋水微波荡漾，在阳光的照射下，犹如闪闪发光的龙鳞。两岸莎草葱绿，李白和元演带着歌妓，在晋水上泛着轻舟，悠闲地唱着歌曲。清风将美妙的歌声吹上天空，响遏行云。李白在太原愉快地度过了好几个月，直到进入落叶飘零的秋天，严酷的寒露越过边塞，李白面对气象萧瑟的秋景，思归之心才油然升起。于是，他告别元家父子，离开了太原。

李白在太原游历时，元丹丘曾经去过一次峨眉山。李白从太原归来，恰巧在洛阳与刚从峨眉山归来的元丹丘相会。李白思归心切，只得与他暂时分手，回到安陆。可是就在这时，有位仰慕李白的青年岑勋，得知李白在嵩山隐居，不辞辛劳，千里迢迢寻觅到嵩山。他找到元丹丘后，才得知李白已回安陆去了。元丹丘看他情真意切，立即写信请李白回嵩山。李白接到信，被岑勋的真情所感动，竟星夜动身，赶回嵩山。在嵩山，他们三人开怀畅饮，共诉衷肠。李白一想到时光流逝，自己功业无成，就不能不悲愤填膺。他双目凝视着滚滚而过的黄河之水，对元丹丘和岑勋说："你们看见了吗，那犹如天上倾泻下来的黄河之水，滚滚向东，奔腾而去，是一去不复返的啊！你们看见了吗，我们的父母亲对着镜子声声长叹，悲叹那早晨还像青丝一样艳泽的乌发，晚上已经变成雪一样的白了。青春易逝啊！人生称心如意的时候，就应该纵情地寻欢作乐，不要使酒杯空空地对着明月。更不要悲愁，要知道天生我材必有用。金钱又算什么呢？散尽了还会再来的。我们还是烹羊宰牛，暂时饮酒取乐吧！既然相会在一起，就应该畅饮三百杯。"李白越说越激动，灵感也随之涌上心头，于是，一首激越的乐府诗《将进酒》，在席间吟了出来：

君不见黄河之水天上来，奔流到海不复回！君不见高堂明镜悲白发，朝如青丝暮成雪！人生得意须尽欢，莫使金樽空对月。

天生我材必有用，千金散尽还复来。烹羊宰牛且为乐，会须一饮三百杯。岑夫子、丹丘生，进酒君莫停。与君歌一曲，请君为我倾耳听。钟鼓馔玉不足贵，但愿长醉不用醒。古来圣贤皆寂寞，惟有饮者留其名。

陈王昔时宴平乐，斗酒十千恣欢谑。主人何为言少钱，径须沽取对君酌。五花马，千金裘，呼儿将出换美酒，与尔同销万古愁！

这首诗发端就以狂飙突起之势，用惊心动魄的两个排比长句，唱出深沉的人生感慨。前一句以河水入海的壮丽景象比喻光阴一去不回，后一句用极度的夸张描写人生短暂。气势豪纵，相互衬托，奠定了全诗豪放的主旋律。既然人生短促，就自然地落到主题：何不及时行乐？这里的“人生得意”，并非世俗所指的富贵荣华，而是指适性快意。也就是“莫使金樽空对月”的欢情。但诗人并非真的愿意遁入醉乡、游戏人生，只是想摆脱现实中的痛苦而不得已为之，内心深处仍向往着功名和理想，所以第二段就高唱“天生我材必有用，千金散尽还复来”，表达乐观信念，肯定自我价值，这与同一时期的《梁甫吟》等诗一样，对前途充满信心。于是诗人沉浸到酣畅淋漓的纵情宴饮中，诗至此变为三言句，短促的音节，声吻毕肖；吟诗放歌，画出酒酣耳热的自我形象。接着诗意又起波澜，转为激愤，蔑视豪门贵族的豪华生活为“不足贵”，自己只愿长醉，表达出诗人对黑暗现实的不满情绪。自古志士仁人难酬壮志，空耗壮心；只有狂歌醉酒的高士留下不朽名声。这里隐含着诗人心头的痛苦和愤怒。第三段借三国时诗人曹植欢宴平乐之事，抒发自己的豪情，于是酒兴诗情都进入高潮，竟放言无忌，反客为主。“主人何为言少钱”，既与前“千金散尽还复来”相呼应，又引出后面的不惜将名马贵裘换取美酒，只求销却无穷的愁绪。这最后点出的诗旨，既深沉又有气势，流畅而耐人寻味。全诗以明快的节奏、参差的句式、跳跃的韵律，抒发汹涌奔腾的悲愤感情，表面看豪放痛快，实际上苦闷无奈，深沉的悲痛寓于豪语之中，是这首诗的主要特征。这首诗的艺术成就很高。将进酒，就是劝酒歌。前人写此题的作品都是短篇小诗，李白衍为大幅长句，并融入了极具个人色彩的浓烈气息，使旧题乐府获得新的生命，并达到顶峰，使后人难以为继。

4. 东鲁行

开元二十八年（740），和李白同甘共苦十多年的许氏夫人去世了，这对李白是一个沉重的打击。他悲痛欲绝，将丧事办完后，感到安陆已经没有什么可以留恋的了。于是，带着女儿平阳和儿子伯禽，告别安陆，迁居到兖州（今山东省济宁市兖州区）。关于迁居到东鲁的原因，李白自己说："顾余不及仕，学剑来山东。"（《五月东鲁行答汶上翁》）似乎是他觉得学文找不到出路，所以想来山东改学武艺。当时山东确有一位将军的剑术名闻天下，他叫裴旻。后来唐文宗（826—840 在位）时，李白的诗歌、张旭的草书和裴旻的剑术，被人们称为"三绝"。据记载，李白当时曾写信给裴旻，说："如白，愿出将军门下。"（裴敬《翰林学士李公墓碑》）不过，李白学剑大概没有取得什么成就，他晚年在《经乱离后天恩流夜郎忆旧游书怀赠江夏韦太守良宰》诗中说："学剑翻自哂，为文竟何成？"前一句应该是真话，后一句当然是谦辞。李白迁居东鲁，更重要的恐怕是经济上的原因。他当时的处境是“归来无产业，生事如转蓬。一朝乌裘弊，百镒黄金空。弹剑徒激昂，出门悲路穷”(《赠从兄襄阳少府皓》)。可能在山东兖州和任城（今山东省济宁市任城区）有亲友可以依靠吧。

当时，兖州一些儒生看不惯李白豪放不羁的性格，经常嘲笑他。李白对这群眼界狭窄、只会死背儒家教条而对经世济民一无所知的腐儒，则表示极端蔑视。这些鲁儒穿戴着仿制汉代式样的冠履，顺着直道装腔作势地踱步，没走几步宽大的衣袖就卷起了尘土。西汉初期叔孙通曾为汉高祖改造前代礼制，制订新的朝仪。他把当时那些不懂得时代发展变化而一味守旧的“儒”，称作“鄙儒”。李白看着这群鄙儒的丑态，觉得实在是可笑至极，就写了一首《嘲鲁儒》诗：“鲁叟谈《五经》，白发死章句。问以经济策，茫如坠烟雾。足著远游履，首戴方头巾。缓步从直道，未行先起尘。”诗人以叔孙通自喻，宣称自己与这些鄙儒本来就不是同类人。他自认为是一个有远大政治抱负且具有经世济民之才能的真正儒生。而这些鄙儒，对当世的要事尚且不明白，还是回到汶水边种田去吧。他嘲笑这些鄙儒，表现出儒家内部关注经世济民的一派对只会死守章句、不懂实务的腐儒的蔑视。由此可见，李白对儒家思想只取“济世”的积极方面，而对腐朽的教条是否定的。

李白主要是与孔巢父、韩准、裴政、张叔明、陶沔等人在徂徕山隐居。他们常在山林溪边饮酒高歌，被称为“竹溪六逸”。李白也常到山东各地游览。天宝元年（742）四月，李白登临著名的东岳泰山，并写下了《游太山六首》。夜晚，他身背瑶琴，行进在青翠的山林间。夜深月明，万籁俱寂，他仿佛听到周围响起了悦耳的音乐，看见“玉女”“羽人”“青童”“鹤上仙”等神仙在向他招手，他又一次沉湎在神仙的境界中。

从表面上看，李白在山东隐居，饮酒、游仙，似乎已经无意用世，真的过着无忧无虑的生活。实际上，他内心经常感到孤独苦闷，“远海动风色，吹愁落天涯”（《早秋赠裴十七仲堪》）。他觉得自己是块美玉，可是人们不仅不赏识，反而弃之如瓦砾；他觉得自己是把宝剑，却被藏在匣子里生锈，不能发挥作用。他抚琴长叹，借此抒发内心的不平：“功业若梦里，抚琴发长嗟。”

希望终于来了！天宝元年正月，唐玄宗诏命“前资官及白身人有儒学博通、文辞秀逸及军谋武艺者，所在具以名荐”（《旧唐书·玄宗纪》）。当时李白的诗名已经很大，玉真公主也多次向玄宗举荐，玄宗终于下了诏书，征召李白进京。李白盼望皇帝的征召已有十多年了，但希望总是一次次落空。如今终于来到了！秋天，真的是一个收获的季节！他欣喜若狂。临行前，他饱蘸浓墨，挥洒了一首《南陵别儿童入京》诗：

白酒新熟山中归，黄鸡啄黍秋正肥。呼童烹鸡酌白酒，儿女嬉笑牵人衣。高歌取醉欲自慰，起舞落日争光辉。游说万乘苦不早，著鞭跨马涉远道。会稽愚妇轻买臣，余亦辞家西入秦。仰天大笑出门去，我辈岂是蓬蒿人！

诗人舒畅的心情，飞扬的神采，跃然纸上。虽然终于有游说君王的机会了，但“苦不早”三字还是流露出些许遗恨。不过如今毕竟能挥鞭跨马登程入京，还是令人高兴的。这里一句一转，反映出诗人内心的复杂。诗人觉得自己就像西汉时的朱买臣，晚年才得志，先前还被愚昧的小妾轻视过，如今自己也辞家赴京了。这两句用典贴切自然，将诗人心中的愤恨宣泄殆尽。多少年来郁积在心头的苦闷、烦恼，终于得以一扫而空。诗的最后两句犹如蓄力已久的波涛，异峰突起，汹涌澎湃，把感情推向了高潮，诗人自信不疑的心理和兴奋至极的神态表现得酣畅淋漓。他天真得像孩子一样，毫不掩饰心头的喜悦，跨上骏马，“仰天大笑”，向着长安的方向奔驰而去。

第六章　翰林供奉

1. 垂青得宠

李白一路上快马加鞭，意气风发地来到长安。他这次是奉诏入京，与初入长安的情况自然是天壤之别。此时，他不仅已名闻天下，而且是皇妹玉真公主推荐来的，所以到长安后，很快就得到玄宗的隆重接见。那一天，大明宫金銮殿上下一片肃穆气氛，李白迈着潇洒轻快的步子，走上殿来。玄宗本来已闻他的诗名，如今远远地看到李白那飘然若仙的风采，大为倾倒，如同当年汉高祖见了商山四皓一般，竟然忘了皇帝的尊严，不知不觉地从御座上走下来迎接，请李白在御座边的七宝床上坐下；还端过一碗羹汤，亲手调了几下，赏给李白喝。接着，他亲切地对李白说："卿虽然是布衣，但名望却使我敬仰。如果不是你平时有好品德，胸中有大学问，怎么可能会这样呢！"于是，命李白为翰林供奉，还赏赐他一匹飞龙天马驹，一条珊瑚白玉鞭。

在唐代，皇宫里专设一个处所，安排有专门才能的人——如词学、经术、僧道、卜祝等，每天值守，以备皇帝随时顾问，这些人就是"待诏"之士。开始的时候，待诏之士的值守地点并没有确切的名字。高宗乾封（666—668）年间，待诏之士常常在北门的地方值守，所以被称作"北门学士"。玄宗开元初设立翰林院，置"翰林待诏"，掌管天下的"表疏批答、应和文章"（《新唐书·百官志一》）；后来又"选文学之士，号翰林供奉，与集贤院学士分掌制诏书敕"。到开元二十六年（738），在翰林院的南面设置了学士院，"由是遂建学士，俾专内命"（韦执谊《翰林院故事》），翰林学士的职责是替皇帝草拟文诰诏书，地位很高。同时，在翰林院中仍有供奉，"在旧翰林中，但假其名，而无所职"，就是说，这时的"翰林供奉"是没有正式官职的。李白就是没有正式官职的翰林供奉，而不是学士院的学士。因此，他要做的就是在宫中宴乐或皇帝出游时，随侍左右，写些诗赋点缀升平，增添宫廷乐趣。因为这差事可以常在皇帝身边，所以当时人们也认为是非常光荣的。玄宗起初对李白确实很器重。据李阳冰《草堂集序》记载，当时玄宗经常与他讨论国家政事，还请他起草诏书。魏颢《李翰林集序》说，李白曾在半醉中为玄宗写《出师诏》。刘全白《唐故翰林学士李君碣记》说，李白曾写过《和番书》。他们都是与李白接触过的人，这些记载应该是可靠的。后来的小说《李太白醉写吓蛮书》，就是根据这些记载，敷衍而成的。

李白受到玄宗的器重，甚为得意，似乎可以“扬眉吐气、激昂青云”了。这年冬天，玄宗带着嫔妃到骊山温泉宫，李白作为随从也跟了去。他感到很荣耀，从内心感激玄宗的赏识，表现出志得意满的神态。他在《温泉侍从归逢故人》《驾去温泉宫后赠杨山人》等诗中说，他的得宠，使王公大人、达官显要纷纷来与他结交。就连初入长安时嘲笑过他的那些势利小人，这时也都改变态度，满脸堆笑地来奉承拜访。

第二年即天宝二年（743）春夏之交，李白的朋友苏秀才，由于实在看不惯官场生涯，决定辞职归山。他希望李白能实践以前相约的诺言，同他一起去隐居山林，去寻找传说在渤海中的蓬莱、方丈、瀛洲三座仙山。但李白此时正是得意之时，不想失去辅佐君王的机会，所以在《金门答苏秀才》诗中表示：自己现在不能跟苏秀才一道实践三山之约，而只能在遥远的京城里欣羡苏秀才的丘园之乐了。李白觉得，皇帝对自己如此看重，大有希望升迁腾达而遂凌云之志，自己应竭尽忠诚，好好地为朝廷干一番事业，来报答君主的恩遇，归隐的事必须放在功成之后。此时李白完全沉浸在美梦之中，他满以为“奋其智能，愿为辅弼”的理想马上就要实现，所以在与好友杨山人的诗中也表达了同样的意思：“待吾尽节报明主，然后相携卧白云。”(《驾去温泉宫后赠杨山人》）李白这一时期的经历，是他一生中最为得意的。直到晚年，他还在诗中回忆道：“昔在长安醉花柳，五侯七贵同杯酒。气岸遥凌豪士前，风流肯落他人后！夫子红颜我少年，章台走马著金鞭。文章献纳麒麟殿，歌舞淹留玳瑁筵。”(《流夜郎赠辛判官》）

2. 宫廷诗人

其实，唐玄宗只是欣赏李白的文才，就像当年汉武帝喜欢司马相如的辞赋一样。玄宗希望李白替他写诗作赋，来点缀他的太平盛世，而根本没有考虑要用李白来治理国家政事。所以，李白在这一时期写的《宫中行乐词》等，都是描写宫女歌舞美艳之作。天宝二年（743）暮春的一个月夜，玄宗和杨玉环到兴庆宫沉香亭观赏盛开的牡丹花。四种名贵牡丹——红的、紫的、浅红的和白的，姹紫嫣红，争相斗艳。当时最负盛名的歌手李龟年，领了一班梨园弟子，前来唱歌助兴。他们抚动丝竹，轻摇檀板，正要启动歌喉，玄宗突然心血来潮，想起了李白。他认为，面对美人，赏玩名花，怎么可以用旧的歌词！吩咐李龟年立即拿了他的诏命，去宣召李白。其实，杨玉环当时还是女道士的身份。开元二十八年（740）十月，玄宗以“为母亲窦太后祈福”的名义，敕书寿王妃杨玉环出家为女道士，道号“太真”。此后，杨玉环经常被宣召入宫。直到天宝四载（745）七月，玄宗把韦昭训的女儿册立为寿王妃后，遂在八月册立杨玉环为贵妃。李龟年找到李白时，李白正和一班酒友喝得酩酊大醉。李龟年忙上前将他扶起，叫道：“快醒醒，圣上等着你进宫写新词呢！”边说边将他拉上马车，赶往兴庆宫。来到宫里，李白还是昏昏沉沉，没有完全清醒。他摇摇晃晃地向玄宗拜了一下，说：“陛下召臣进宫，要写何新词?”玄宗看了看李白的醉态，皱了皱眉头，心中有些不悦，但如此良辰美景，同美人一起赏名花，不可没有新乐词。就对李白说：“李爱卿就写三首《清平调》吧。”李白欣然答应，他睁着蒙眬的醉眼，看到倚在栏杆边如仙子般美丽的杨玉环，以及沉香亭周围如云似锦般艳丽的牡丹花，浮想联翩，灵感犹如奔腾的江水连绵不绝。他拿起笔，饱蘸浓墨，《清平调词三首》竟一挥而就：

其一

云想衣裳花想容，春风拂槛露华浓。若非群玉山头见，会向瑶台月下逢。

其二

一枝红艳露凝香，云雨巫山枉断肠。借问汉宫谁得似？可怜飞燕倚新妆。

其三

名花倾国两相欢，长得君王带笑看。解释春风无限恨，沉香亭北倚阑干。

这三首诗，把杨玉环的美丽姿态与玄宗对她的恩宠写得淋漓尽致。第一首以名花与美人合写。首句的两个“想”字用得奇妙无比。不说杨玉环的衣裳像云霓，容颜像鲜花，而是反过来，说彩云想成为杨玉环的华服，牡丹想成为杨玉环的容貌，这就把她绮丽的衣着和娇艳的玉容写得更深一层了。第二句以春风、雨露暗喻玄宗的恩宠，写杨玉环在君王的宠爱下更加容光焕发。后两句诗人把想象引向仙境，更进一层地描写杨玉环之美：像这样花容玉貌的美人，人世间是不可能有的，只有在群玉山或瑶台这样的神仙居住地才能见到。第二首还是以名花与美人合写。首句表面上是写牡丹“红艳”“凝香”之美，实际上也是以花拟人。后三句都是用典故来衬托杨玉环，从时间纵深维度来刻画。第二句是嘲笑楚王为神女断肠，只是在梦中幽欢，所以说“枉”。意思是说：哪里比得上当前真正的美人使人销魂！后二句是说，倘若“汉宫第一”的美人赵飞燕来相较，还得凭借新丽的装扮，才能与杨玉环的娇媚姿态相仿佛。第三首在写法上与前两首不同，前两首用仙境和古代美人比拟所咏对象，而第三首将“名花”与“倾国”明确点出，“名花”指牡丹花，“倾国”指杨玉环。如果说前两首的美人是诗人笔下的，那么第三首的美人则是玄宗眼中、心中的。“两相欢”将名花和倾国合在一起，“带笑看”把君王也融入进来。“笑”字还引出第三句：名花和倾国宛如“春风”一般，一切忧愁怨恨都在这美妙的“春风”中消除殆尽。末句点明赏花的地点。“倚阑干”三字，生动地描画出人物优雅风流的姿态，韵味深长。这三首诗，语言浓艳而流畅自如，毫无雕琢。第一首和第三首两用“春风”，前后呼应。如此精妙的构思，信笔写来，自然妥帖。《清平调词三首》的艺术水准之高超，得到了历代的公认。

杨玉环读了《清平调词三首》后，心中欢喜，手持七宝玻璃杯，酌饮着西凉葡萄酒，沉浸在悠然自得之中。玄宗看后非常兴奋，命梨园弟子在乐器上稍加演练后，便催促李龟年在他们的伴奏下演唱这三首《清平调词》。听着听着，玄宗情不自禁地拿起玉笛，吹出与歌声相和的旋律。每一曲临结束时，他有意将乐声延长，使音乐更加柔媚动听。演唱结束后，杨玉环向玄宗再三拜谢。玄宗从此也就更加喜欢李白了。到了夏天，兴庆池中白莲花盛开，玄宗与嫔妃们泛舟观赏，又派人把李白从醉酒中扶来作序。这时，李白实际上已成为玄宗的御用文人了。

3. 遭谗失宠

玄宗的宠婿张垍，当时也在翰林院，身份是翰林学士。他对玄宗赏识李白心生嫉妒，把李白视为眼中钉。而朝廷中一些权贵，对李白的傲岸性格和狂放不拘的举止，也极为不满。于是，他们勾结在一起，散布流言蜚语，造谣中伤李白。据魏万《李翰林集序》记载，玄宗本来准备任命李白为中书舍人——中书舍人是一个掌管起草诏令、参与机密的官职，一般是以有文学资望者充任。最终由于张垍一伙向玄宗屡进谗言，这件事便被阻止了。

从天宝元年秋奉诏入京，到天宝三载（744）春被“赐金还山”，是李白理想经受考验的时期。在此期间，李白思想前后有很大变化，这个变化的时间点就在天宝二年的秋季。从接到入京诏书开始，李白就以为“游说万乘”、实现理想的时机到了。到长安后受到玄宗的隆重召见，之后又经常得以随侍君王左右，“一朝君王垂拂拭，剖心输丹雪胸臆。忽蒙白日回景光，直上青云生羽翼。幸陪鸾辇出鸿都，身骑飞龙天马驹。……待吾尽节报明主，然后相携卧白云”(《驾去温泉宫后赠杨山人》)，真是心酣意畅，何其踌躇满志！他已经想到功成业就（“尽节报明主”），然后功成身退（“相携卧白云”）了。而对此时发生的变化，他还蒙在鼓里呢。他的政治热情仍然很高，一心盼望着升迁，希望能名正言顺地“辅弼”君主，实现理想。从入京到此时，等了将近一年，却丝毫没有授予他官职的迹象，反而有许多人开始对他冷嘲热讽。李白终于意识到，是张垍这类小人嫉妒他的才能，他们在玄宗面前搬弄是非，造成玄宗对自己的疏远。他心情激愤，就以一首《玉壶吟》排遣胸中的块垒，抒发心中的郁闷：

烈士击玉壶，壮心惜暮年。三杯拂剑舞秋月，忽然高咏涕泗涟。

凤凰初下紫泥诏，谒帝称觞登御筵。揄扬九重万乘主，谑浪赤墀青琐贤。朝天数换飞龙马，敕赐珊瑚白玉鞭。世人不识东方朔，大隐金门是谪仙。

西施宜笑复宜颦，丑女效之徒累身。君王虽爱蛾眉好，无奈宫中妒杀人。

这首诗第一段四句，写诗人激愤的外在表现。首二句暗用王敦击壶咏诗的典故。据《世说新语·豪爽》记载，王敦每次喝酒后就要高咏曹操“老骥伏枥，志在千里。烈士暮年，壮心不已”(曹操《龟虽寿》)的诗句，并以如意敲击唾壶，故而壶口被敲得都是缺口。本诗即以此故事为题。借此典故刻画出诗人愤慨难平的自我形象。“烈士”“壮心”“暮年”三个词都是曹操诗中语，说明诗人原想像曹操那样干出一番大事业，如今理想破灭，壮志难酬，心中的苦闷可想而知。接着二句写借酒浇愁仍然抑制不住内心的痛苦，于是拔剑而起，对月挥舞。忽而又忍不住高声吟咏，以致涕泪交流。四句一气倾泻，击壶、痛饮、舞剑、高咏、流泪，一连串的传神动作，将诗人内心的苦闷刻画得淋漓尽致。第二段八句，“凤凰”二句回忆自己奉诏入京受到皇帝宠遇的情景。“揄扬”二句写在朝廷的作为：赞颂皇帝和嘲弄权贵。“朝天”二句写受到皇帝特殊的恩宠：上朝时经常换乘飞龙厩中的好马，并使用皇帝赐予的以珊瑚、白玉装饰的马鞭。这六句极力形容得意的神态，与第一段四句形成鲜明的对照，同时也衬托了下面二句的悲哀。诗人以被汉武帝看作滑稽弄臣的东方朔自喻，又以天上谪仙人自许，反映出诗人无可奈何的心情。东方朔说过，避世并不一定要在深山之中，宫殿中也可以避世全身，说自己在朝廷任职，就是“避世金马门”(《史记·滑稽列传》)。西晋王康琚《反招隐诗》也说：“小隐隐林薮，大隐隐朝市。”诗人从受宠得意到大隐金门，正反相照，内心的痛苦悲哀不言而喻。第三段四句，以春秋时越国美女西施自比，写自己的美好品格，并斥责小人对自己的忌害。意思是说：自己的举止得体美好，别人是做不到的。虽然君王喜爱自己的品格，但无奈那些小人嫉妒而残害自己。后二句用屈原《离骚》诗意，以美人被妒喻有志之士不见容于朝廷。含蓄蕴藉，寄慨深沉。全诗波澜起伏，收放自如。洋溢着愤慨不平之气，但不作悲酸语，不流于粗野，仍然显示出壮浪豪放的风格。

李白内心苦闷，便天天与贺知章、崔宗之等几位朋友，在痛饮酣醉中度日。后来，杜甫在《饮中八仙歌》中写道：“李白一斗诗百篇，长安市上酒家眠。天子呼来不上船，自称臣是酒中仙。”说明李白当时曾有过借酒醉不听玄宗召唤的举动，以表示不满情绪。对皇帝尚且如此，对朝廷中的权贵是何等态度就可想而知了。所以，北宋文学家苏轼借用晋代夏侯湛的话，赞美李白“戏万乘若僚友，视俦列如草芥。雄节迈论，高气盖世”(苏轼《李太白碑阴记》)。

4. 送别友人

李白知道自己留在翰林院已毫无意义，决心离京归山。天宝二年（743）秋天，他在送别友人裴图南回嵩山隐居时，悲愤地说："朝廷中奸臣谗毁和排挤贤良之士，就像狂风吹折芳香的花草一样容易。朝廷的黑暗像天上失去了太阳，佞臣的嚣张气焰犹如喧叫不休的鸟雀。"他指着天上飞过的一行鸿雁，表明自己将像鸿雁一样高飞远翔，离开长安。他勉励朋友和自己："谢公终一起，相与济苍生。"(《送裴十八图南归嵩山二首》其二）他相信，如同东晋时谢安一样，被朝廷重用的日子终会来到，到那时，就再出山与友人共同实现"济苍生"的宏愿。

天宝三载（744）正月，八十六岁高龄的贺知章，因不满朝政，恳请度为道士，辞官还乡。玄宗准许了他的要求，并赋诗赠行。贺知章离京的那天，太子、宰相以下文武百官，都在长安东门外长乐坡为他饯行。李白则单独送贺知章至阴盘驿（今陕西省西安市临潼区东北），写了一首七绝《送贺宾客归越》诗：

镜湖流水漾清波，狂客归舟逸兴多。山阴道士如相见，应写《黄庭》换白鹅。

镜湖，在今浙江省绍兴市会稽山麓。得名于东晋大书法家王羲之“山阴路上行，如在镜中游”（徐坚《初学记》卷八）之句。此诗紧扣“归越”二字。首句写镜湖，有三层意思：第一层，它是越中名胜；第二层，它是贺知章故乡的名胜；第三层，贺知章这次“归越”，皇帝“有诏赐镜湖剡川一曲”。所以，如今镜湖荡漾着清波，似乎在欢迎这位“少小离家老大回”的游子归来。第二句点题，也有三层意思：“狂客”二字，描绘出贺知章的性格和精神风貌；“归舟”题明此次归程是走水路；“逸兴多”表现出贺知章归乡养老的惬意心情。前两句把题意写足，后两句则开拓境界，用王羲之写《黄庭经》与山阴道士换鹅的故事，赞美今后贺知章的生活，兼致送别之意。用典非常精切。因为贺知章也是当时的大书法家，所以将贺知章比作王羲之；又因为贺知章这次归乡前已经入道，而又定居山阴，故以“山阴道士”作陪衬。如此用典，意义深刻而贴切，毫无雕琢痕迹，而且饶有情趣。不愧为绝句中的佳构。

贺知章走后，李白在长安少了知心朋友，更感孤独了。他常常一个人在月下花间喝着闷酒：“花间一壶酒，独酌无相亲。举杯邀明月，对影成三人。”(《月下独酌四首》之一）李白此时已清醒地认识到，玄宗并不需要他“申管晏之谈，谋帝王之术”，自己“奋其智能，愿为辅弼”的理想，看来已完全落空了。他觉得与其在长安做一个无聊的宫廷诗人，还不如归隐山林过自由自在的生活。出于心中的愤恨，他经常说些牢骚话，发泄不满情绪，这些激愤之语也时常在诗中流露出来。有一次，他在翰林院读书，陈子昂《宴胡楚真禁所》诗中“青蝇一相点，白璧遂成冤”两句，使他联想到自己目前的境况：张垍之流向皇帝屡进谗言，不就是那些在白玉上遗粪的苍蝇吗？使本来洁白无瑕的白玉蒙受了多大的冤枉！而自己横溢的才华、不同流俗的品格，又多么像战国时宋玉《对楚王问》中说的那首高雅的曲调——《白雪》，因为所持甚高而难觅知音。于是，他愤然写下了《翰林读书言怀呈集贤院内诸学士》，诗中说：“青蝇易相点，《白雪》难同调。本是疏散人，屡贻褊促诮。”表现出对佞幸小人的极端蔑视。

这时，又有几个朋友离开长安，李白恋恋不舍地送别了一个又一个友人。有一次，他到灞陵去送一位友人，灞陵是西汉文帝陵墓所在地，虽然是春天，但李白觉得周围的古树和春草好像也在默默地伤心，景象十分暗淡，充满了离愁别恨。眼前的古道，据说是东汉末年诗人王粲南奔时所走过的。由此联想到自己的处境、友人的遭际，更增添了内心的烦闷。李白有感而发，写下了《灞陵行送别》：

送君灞陵亭，灞水流浩浩。上有无花之古树，下有伤心之春草。我向秦人问路岐，云是王粲南登之古道。古道连绵走西京，紫阙落日浮云生。正当今夕断肠处，骊歌愁绝不忍听。

“灞陵”“灞水”在唐诗中常常与离别联系在一起。因此，诗一开头这两词的连用，就烘托出浓重的离别氛围。“落日”与“浮云”连写，二语在古诗中都有象征奸邪蔽主、残害忠良之意。李白此处也透露出友人离京有遭谗的政治原因。王粲在《七哀》诗中抒写离开长安时，有“南登灞陵岸，回首望长安”之句，是诗人身处汉文帝的陵墓之地，面对着动乱的社会，抒发思念明王贤君的急切心情，并从内心发出深深的沉痛哀叹。可见，李白诗中的惆怅情绪，除了离别的因素外，还包含着对政局的担忧。因此，结尾两句说离别时的骊歌使人极度忧愁，正是因为今夕所感受到的，还有由离别触发的更深广的愁思。

5. 别了，长安

李白的不满情绪，又被张垍等人添油加醋地报告给了玄宗。玄宗也觉得李白如此放肆不羁，难免会把宫中的事情传扬开去，所以对他越来越疏远了。李白完全失望了，再也不愿意忍受诽谤和冷遇的折磨，终于上书请求还山。这正中玄宗心意，就做了个顺水人情，准许李白的请求：赐金还山！

前后算来，李白从天宝元年秋天进京，到天宝三载春天离京，在长安只度过了一年零五个月。然而，他却经历了从满怀希望进京——供奉翰林前期对入世完成功业、实现理想充满自信，到被谗见疏而希望落空，最终不得不完全失望地要求归山出世隐居的突变，由此造成了思想上痛苦的变化。这一年零五个月，时间虽然不长，但使李白尝够了甜酸苦辣各种滋味。他清醒地认识到，大唐“盛世”即将过去，如今是奸臣得志当道，小人在位争宠，贤者失所无依，“珠玉买歌笑，糟糠养贤才”（《古风》其十四），

“梧桐巢燕雀，枳棘栖鸳鸾”(《古风》其三十九)，“鸡聚族以争食，凤孤飞而无邻。蝘蜓嘲龙，鱼目混珍；嫫母衣锦，西施负薪”(《鸣皋歌送岑征君》)，完全是个真伪混淆、美丑颠倒的时代。

“别了，长安！”李白骑在马背上，回头望着笼罩在晨雾中的雄伟城阙，眼眶里涌满了泪水，自己也说不清楚心里是什么滋味。

第七章　诗坛两巨星的会合

1. 相逢梁宋间

李白第二次离开长安，虽然和第一次一样，怀着失意的痛苦，但这两次的心情是有区别的。第一次虽然功业无成，但他认为只是没有找到接近皇帝的机会。那时他才三十出头，所以离京后尚不失信心，“东山高卧时起来，欲济苍生未应晚”(《梁园吟》)，觉得来日方长。而这一次，不仅见到了皇帝，并且在他身边侍从了一年多时间，“入侍瑶池宴，出陪玉辇行。夸胡新赋作，谏猎短书成”(《秋夜独坐怀故山》)，没想到还是落得被谗离京、归隐山林的结果。通过自己的遭遇和所见所闻，他对当时朝廷的政局比之前有了更深的认识。“愿为辅弼”的理想破灭了，难免思想比较消沉。“我本不弃世，世人自弃我”(《送蔡山人》)，既然遭人弃，他也就决心“弃世”了。“我将营丹砂，永与世人别”(《古风》其五)，他决计专心致志修仙学道，永远脱离红尘。所以这次离京从长安苍龙门（东门）出发，到商州凭吊商山四皓，对当年避秦乱的商山四皓表示敬意。《答杜秀才五松山见赠》诗追忆当时出京的情况：“昔献《长杨赋》，天开云雨欢。当时待诏承明里，皆道扬雄才可观。……浮云蔽日去不返，总为秋风摧紫兰。角巾东出商山道，采秀行歌咏芝草。”又有《别韦少府》诗：“西出苍龙门，南登白鹿原。欲寻商山皓，犹恋汉皇恩。”表明出京路线走的是商州大道。李白集中现存《过四皓墓》《商山四皓》《春陪商州裴使君游石娥溪》等诗，都是此时之作。

从天宝三载（744）暮春离开长安，到天宝五载南游吴越，是李白出世思想最明显的时期。

天宝三载秋天，李白到了梁宋（今河南省开封市、商丘市一带）。这时，杜甫因祖母范阳太君卒于陈留（今河南省开封市），归葬偃师，奔丧来往于梁宋、偃师之间。

于是，李白与杜甫，这对诗坛的伟大巨星，在陈留相会了！这在中国文学史上，一直被传为佳话。闻一多先生曾对这激动人心的会合诗意地描写过：

> 我们该当品三通画角，发三通擂鼓，然后提起笔来蘸饱了金墨，大书而特书……我们再逼紧我们的想像，譬如说，青天里太阳和月亮走碰了头，那么，尘世上不知要焚起多少香案，不知有多少人要望天遥拜，说是皇天的祥瑞。如今李白和杜甫——诗中的两曜，劈面走来了，我们看去，不比那天空的异瑞一样的神奇，一样的有重大的意义吗？
>
> ——《唐诗杂论·杜甫》

杜甫比李白小十一岁，但他们两人有建立友谊的良好基础。杜甫政治抱负也很大："自谓颇挺出，立登要路津。致君尧舜上，再使风俗淳。"（杜甫《奉赠韦左丞丈二十二韵》）这与李白的政治理想完全一致。杜甫对诗歌创作有强烈的兴趣和爱好，这也是和李白结成深厚友谊的重要原因。当时，李白已经是名扬四海的大诗人了，又做过翰林供奉；而杜甫则在诗坛上刚露头角，还是个诗坛新秀。但李白对他丝毫没有大诗人的架子，更没有对待权贵的那种傲岸态度，而是把杜甫当自己的兄弟一样来加以关心和爱护。李白的友情，使杜甫感到亲切和温暖。杜甫自从开元二十九年（741）游齐、赵归来，就一直居住在洛阳。两年多来，他看到的尽是都市中豪绅间的尔虞我诈、互相倾轧。他厌恶极了，正想离开这个喧嚣的地方，到清净的山林中去隐居。李白的出现，给他暗淡的生活带来了光亮。他被这位“天上谪仙人”的脱俗风采深深地吸引住了，对李白毅然抛弃世俗所艳羡的京华生活、决心弃世隐居，更是敬佩不已。杜甫虽然自幼受传统的儒家思想的教育，但在当时社会普遍崇尚道教的风气影响下，也有求仙访道的思想。恰巧这时与李白相遇，真可谓情投意合。

诗人高适这时正巧也在这一带流荡，三位诗人在风尘中相见，相得甚欢。他们一起醉酒高歌，谈诗论文，登临吹台，慷慨怀古。

秋天，气候高爽，草衰马肥，正是打猎的好时节。李白、杜甫和高适豪兴大发，精神抖擞地来到孟诸打猎。孟诸在宋州州治宋城（今河南省商丘市南）和单父（今山东省单县）之间，是一片周长五十里的沼泽。三位诗人跨骏马，持宝弓，扬鞭奔驰，喧呼长啸。随着弓箭的响声，狐狸和野兔纷纷倒地。猎鹰闪电般追飞入草间，将被射中的猎物衔回。他们就像在战场上作战一样，对猎物追逐拦截，将包围圈内的猎物一扫而空。李白在《秋猎孟诸夜归置酒单父东楼观妓》诗中，细致地描写了他们当时游猎的情景："骏发跨名驹，雕弓控鸣弦。鹰豪鲁草白，狐兔多肥鲜。邀遮相驰逐，遂出城东田。一扫四野空，喧呼鞍马前。归来献所获，炮炙宜霜天。"把纵猎的声势写得雄快风流。当时，诗人贾至正在单父当县尉，夜晚就在单父东楼置酒，迎接这三位豪情满怀、满载而归的诗人。他们献出肥美猎物，在宴席上烧烤而食。歌妓翩翩献舞，宛如云中的仙女。众人饮酒作乐，一直到天亮才兴尽而归。几位诗人相聚的日子真是快乐而充实。他们又一起登上琴台（即单父台），缅怀春秋时"鸣琴而治"的宓子贱。高适还写了《同群公秋登琴台》《登子贱琴台赋诗三首》。这里的"群公"，自然包括李白和杜甫，可能还有贾至等一些诗人在内。可见，当时诗坛两巨星会合时，还有不少诗星围绕在他们周围。

不久，高适决定东游，与李白和杜甫分手了。冬天，李白和杜甫一起渡过黄河，到王屋山上的小有清虚洞天拜访道士华盖君，想随他学道。可是，此时华盖君已经"仙去”，两人悲伤、失望不已，对空长叹良久，才怅然而归。求仙之路受阻，只能回到滚滚红尘中。杜甫与李白暂时分别，回到洛阳。李白留在陈留，拜访从祖——陈留采访使李彦允。通过他的介绍，李白来到齐郡历城（今山东省济南市历城区）紫极宫，请道士高如贵授道箓，成了一名真正的道士。李白为此而感到自豪：“抑予是何者？身在方士格。”（《草创大还赠柳官迪》）原来的理想此时已被抛到九霄云外去了，社会现实使他“不向金阙游，思为玉皇客”，既然人间的君主不需要他，那么就索性奔向天上的君主吧！李白加入道士籍以及访道求仙的行动，从本质上看，只是作为政治上失败后聊以自慰的精神寄托。一方面用求仙访道来排遣心中的苦闷，另一方面用蔑视功名富贵来表达不向权贵摧眉折腰的反抗态度。其实，即使在出世思想占据主导地位时，李白仍然高唱：“才力犹可倚，不惭世上雄。”（《东武吟》）在《上李邕》诗中，他仍然自比大鹏鸟，不惧挫折，充满豪情与自信。这表明他内心潜藏的用世意识仍未完全泯灭。

2. 齐鲁再聚会

天宝四载（745）春天，李白和杜甫又在东鲁会面了。他们兴致盎然地"行歌泗水春"（杜甫《寄李十二白二十韵》），友谊更深，关系更加密切了。春夏之交，他们又先后到了齐郡（今山东省济南市）。齐郡官员李之芳，是著名的文坛老将北海（郡治在今山东省青州市）太守李邕的族孙。这时，他在鹊山湖对面另建了一座新的亭子。鹊山湖，在今济南市北园一带，古时与大明湖相通，今已淤没大半。新亭建成后，李之芳邀请李邕前来游览。李邕欣然答应，来到齐郡作客。李邕与高适、杜甫早就相识，就邀请他们一同到齐郡相会。李白也前往齐郡，拜访这位年高望重的文坛前辈。当时任齐郡司马的诗人卢象，和李白是老相识，李白在供奉翰林时就与他交往频繁。这次诗坛两巨星在齐郡与许多诗星相聚，留下了不少诗篇。李白写有《陪从祖济南太守泛鹊山湖三首》《上李邕》等。在《上李邕》诗中，他再次以大鹏鸟自况：

> 大鹏一日同风起，抟摇直上九万里。假令风歇时下来，犹能扬却沧溟水。世人见我恒殊调，见余大言

皆冷笑。宣父犹能畏后生，丈夫未可轻年少。

在这首诗中，李白继《大鹏遇希有鸟赋》后，再次以大鹏自喻，表现出虽然遭受挫折但仍不屈服的豪迈气魄。宣父，指孔子。太宗贞观十一年（637），“诏尊孔子为宣父”（《新唐书·礼乐志五》）。孔子曾说：“后生可畏，焉知来者之不如今也？”（《论语·子罕》）因此，针对世俗之人对自己与众不同的思想、言行的冷笑，诗人借助孔子的话予以回应，希望李邕能像孔子一样敬畏后辈，不可轻视自己。这首诗再现了李白的形象：宏阔的胸襟、孤傲的性格、不羁的精神、洒脱的风姿，栩栩如生，跃然纸上。

齐郡之会结束后，高适随李邕回北海郡，杜甫大概由于李之芳和卢象的款待而留在齐郡，李白则回鲁郡（今山东省济宁市兖州区）探家。当时，李白的两个孩子平阳和伯禽，住在东鲁兖州沙丘旁。

秋天，杜甫又来到鲁郡，与李白相会。杜甫看到李白访道求仙的意志很坚定，自愧有负“方期拾瑶草”（杜甫《赠李白》）的诺言。他俩意气相投，情同手足，过着自由恣意的生活。此时，有个姓范、排行第十的隐士，住在鲁郡城北郊，他们经常去访问。有一次，李白身披翠云裘，与杜甫并马去拜访范十，途中迷了路，在山上乱转，苍耳好像也在欺负他们，沾满了李白的翠云裘。后来总算找到了范十的家。范十看见身上沾满苍耳的李白和杜甫，忍不住开怀大笑起来，忙端上带着秋霜的鲜梨，置酒款待他们。李白写了一首《寻鲁城北范居士失道落苍耳中见范置酒摘苍耳作》诗，生动地记叙了这次访问的情景。杜甫也有《与李十二同寻范十隐居》诗，诗中说："李侯有佳句，往往似阴铿。余亦东蒙客，怜君如弟兄。醉眠秋共被，携手日同行。"可见当时李杜两人的关系，真是亲如手足。

这时，好友元丹丘正隐居在东蒙山（即龟蒙山）。李白经常带着杜甫前去做客。杜甫与元丹丘一见如故，马上就成了知交。当年李白奉诏入京的时候，元丹丘也因玉真公主的推荐，被征召入京，在西京大昭成观供职。不久，元丹丘恳请胡紫阳到嵩山给他传道箓，正式成了胡紫阳的弟子。接着，胡紫阳也被征召入京，但很快就称病向玄宗告辞，由他的侄子胡齐物护送回故乡，不幸在汝州叶县（今河南省叶县）病逝，遗体抬回随州葬于新松山。李白为胡紫阳撰写了《汉东紫阳先生碑铭》，尽了师友之谊。

3. 别后常思念

这年暮秋，杜甫决定往长安去探寻政治出路，但想到要与李白分别，心里又有些惆怅。李白在鲁郡城东的石门，为杜甫饯行，两人依依不舍，互嘱珍重，挥泪而别。李白深情地写道：

醉别复几日，登临遍池台。何时石门路，重有金樽开？秋波落泗水，海色明徂徕。飞蓬各自远，且尽手中杯。

——《鲁郡东石门送杜二甫》

这首诗开头两句，写两人曾暂别不久又相会同游。相聚时，在梁宋、齐鲁遍览胜迹，曾与高适一起登吹台，慷慨怀古；到孟诸泽打猎，又同登单父台。他俩还同游鹊山湖，同作东蒙客，同寻范居士……这些就是“登临遍池台”的内容。如今真要分别，诗人心头充满了依恋之情。不知何年何月才能再在石门相会，再开金樽痛饮狂欢？杜甫别后在长安写有《赠李白》诗“何时一樽酒，重与细论文”，也有一个“重”字。一说重开金樽，一说重与论文，互文见义，深切地表达了两位大诗人都企盼重逢的心情，同时也反映出他们在相处的日子里开怀畅饮、切磋诗文的欢快生活。两人对这段生活念念不忘，表现出感情的深笃与亲密无间。颈联写景，点明季节、环境。两位诗人都爱山水，如今在秋高气爽的时节，在泗水边分别。在早晨明媚日色的映照下，徂徕山显得更为美丽。海色，即晓色；明，用作动词，照亮。两句写鲁郡石门周围的山光水色，非常传神动人。在这美好景色中分手，更添难舍难分的惆怅之情。尾联点明告别。从此一别，各自远奔，犹如蓬花乱飞，不知飘落在何处，行踪不定，只能道声珍重。此时心中确实十分难受，但大丈夫离别岂能作儿女态？还是以酒作别，倾杯饮酒吧！与首句“醉别”呼应。感情豪迈，襟怀开朗，无哀伤色彩。全诗叙事、抒情、写景融汇一体，互相映衬，结构紧凑严密，感情真挚深厚，景色明丽动人。这是表现两位大诗人友谊的杰作，在文学史上具有重要意义。

李白盼望着有朝一日“重有金樽开”，但哪里知道，这一别竟成永诀！李白与杜甫这两位大诗人，从天宝三载初秋结识，至天宝四载暮秋分手，为时才一年，从此以后他们就再也没有相会过。但他们的友谊不仅没有因此中断，反而与日俱增。杜甫走后，李白寓居兖州沙丘，对杜甫思念不已。朋友走了，他觉得喝酒也没有滋味了，听歌也不能动情了，终日里只有那深深的思念，如同汶水一样向远方流去。他写诗寄给远方的朋友，表达自己的思念：

我来竟何事？高卧沙丘城。城边有古树，日夕连秋声。鲁酒不可醉，齐歌空复情。思君若汶水，浩荡寄南征。

——《沙丘城下寄杜甫》

杜甫与李白分手后，来到长安，过着“朝扣富儿门，暮随肥马尘。残杯与冷炙，到处潜悲辛”（杜甫《奉赠韦左丞丈二十二韵》）的艰难生活。此时，只有李白的真诚友谊温暖着他。冬天来临了，他独自坐在书斋里思念李白，很后悔没有和李白一起去过隐逸的生活，却跑到长安来虚度年华。春天到了，他仍然思念着李白，写下《春日忆李白》：“渭北春天树，江东日暮云。何时一樽酒，重与细论文？”当李白的朋友孔巢父从长安东游吴越时，杜甫也不忘让他转达对李白的问候。直到安史之乱，李白因参加永王李璘的幕府而获罪，被流放夜郎（即夜郎郡，治所夜郎县在今贵州省正安县西北）时，杜甫对蒙冤的李白，更是深切思念，为李白的命运担心，为李白的蒙冤愤慨不平。在“世人皆欲杀”的情况下，杜甫态度鲜明地表示：“吾意独怜才。”（杜甫《不见》）在李白晚年，杜甫还写了《寄李十二白二十韵》，诗中回忆了他和李白的友情，叙述了李白的事迹和性格，一直写到李白晚年蒙冤遭难的情况，实际上是一篇用诗写成的李白小传。

杜甫怀念李白的诗篇现存比较多，而李白寄给杜甫的诗，今天只存下《沙丘城下寄杜甫》了。过去有人据此说李白对杜甫的感情不深。这是一种错误的说法，如果真是这样的话，杜甫也不可能寄那么多诗给李白。事实是李白寄给杜甫的诗，未能流传下来罢了。据李阳冰说，李白的诗文在安史之乱中“十丧其九”。李白具有“敏捷诗千首”（杜甫《不见》）、“一斗诗百篇”（杜甫《饮中八仙歌》）的才能，而流传至今的诗篇只不过千首，这实在是中国古代文化史上的巨大损失。

对李白的诗歌，杜甫推崇备至：“白也诗无敌，飘然思不群。清新庾开府，俊逸鲍参军。”（杜甫《春日忆李白》）庾信和鲍照都是南北朝的著名诗人，他们的诗歌具有很高的艺术成就，对后世产生了深远的影响，杜甫对他们十分钦佩。他认为李白清新俊逸的诗风，可以和庾信、鲍照相比美，这在当时是对李白诗歌艺术的很高评价。对李白“敏捷诗千首”的才能，以及“笔落惊风雨，诗成泣鬼神”（杜甫《寄李十二白二十韵》）的诗歌艺术魅力，他更是深致敬佩。杜甫不仅仰慕李白的诗歌艺术，而且他自己这一时期的诗歌创作，也受到李白的影响，写得雄健奔放。

4. 梦游天姥吟

杜甫走后，李白感到独自在东鲁很无聊，不禁想起了告老还乡在越中的贺知章。况且越中的秀丽山水，也时常在他脑际萦绕。于是他决定重游越中，去探访贺老。天宝五载（746）秋天，他向东鲁的朋友告别。临别时，他写下了著名的《梦游天姥吟留别》：

> 海客谈瀛洲，烟涛微茫信难求。越人语天姥，云霓明灭或可睹。天姥连天向天横，势拔五岳掩赤城。天台四万八千丈，对此欲倒东南倾。
>
> 我欲因之梦吴越，一夜飞度镜湖月。湖月照我

影，送我至剡溪。谢公宿处今尚在，渌水荡漾清猿啼。脚著谢公屐，身登青云梯。半壁见海日，空中闻天鸡。千岩万转路不定，迷花倚石忽已暝。熊咆龙吟殷岩泉，栗深林兮惊层巅。云青青兮欲雨，水澹澹兮生烟。列缺霹雳，丘峦崩摧。洞天石扇，訇然中开。青冥浩荡不见底，日月照耀金银台。霓为衣兮风为马，云之君兮纷纷而来下。虎鼓瑟兮鸾回车，仙之人兮列如麻。忽魂悸以魄动，恍惊起而长嗟。惟觉时之枕席，失向来之烟霞。

世间行乐亦如此，古来万事东流水。别君去兮何时还？且放白鹿青崖间，须行即骑访名山。安能摧眉折腰事权贵，使我不得开心颜！

天姥山，在越州剡县南（今浙江省新昌县南部），主峰孤峭突起，仰望如在天表。这首诗在结构上分为梦之因由、梦之游历、醒之感喟三部分，以三个段落逐次展开。第一段写梦游的诱因。先以整齐的对句写出两个虚实相应的形象：瀛洲仙山、天姥山。以瀛洲的虚幻难觅反衬天姥山的实际存在，诗人由此表达出对名山胜景的向往。接着用夸张的手法，描绘天姥山拔地参天、横空出世的雄伟形势。

“横”“拔”“掩”三个动词不仅写出了天姥山的外形，而且赋予强烈的气势和动感，为下文的梦游作了铺垫。第二段写梦游，是全诗主体。“我欲因之梦吴越”承上启下，由醒境转入梦境。梦境有四个层次：第一层次至“渌水荡漾清猿啼”，写梦至剡溪的情景。剡溪，在今浙江嵊州市南。即曹娥江上游诸水，古时候通称剡溪。这里著一“飞”字，形容历程之快，显露了游山的急切心情。驾长风，披月光，越镜湖，抵剡溪，来到当年谢灵运的宿处，眼前闪烁着澄澈的水波，耳旁传来了凄清的猿啼。身处此景，诗人是否感到了冥冥之中与谢灵运在精神上的感应交流？于是游兴更浓了，竟连夜登山。第二层次至“空中闻天鸡”，写梦登天姥山的情景。“著”“登”动作的连写，可看出诗人迫不及待登山的轻捷情态。到达半山时，眼观海上日出，耳闻天鸡鸣唱。诗人的心境是何等愉悦！第三层次至“仙之人兮列如麻”，写幽深的峰峦中所见的惊险神奇的境界。这是梦游的重点。白天的游程，只用“千岩万转路不定，迷花倚石忽已暝”二句概括。正当游赏极乐时，夜幕突然降临，这时出现了可怕的景象：熊咆哮，龙吟啸，岩泉为之震荡，深林为之战栗，峰巅为之惊惧。浓云欲雨，流水腾烟。接着用四字句，加快了声音与画面呈现的节奏，造成阵阵催促的紧张感：闪电雷鸣，山崩石裂，洞府石门，轰然打开。随后，诗人把节奏放缓，展现出一幅色彩瑰丽的神仙世界：浩瀚的天空无边无际，日月照耀下的楼台辉煌无比，仙人们以霓霞为衣、以风为马，纷纷飞下。白虎弹瑟，鸾鸟驾车，神仙之多犹如乱麻。这是诗人幻想的高峰，也是梦游的高潮。第四层次即第二段最后四句，写梦醒情状。诗人惊醒，回到现实，不禁长叹，觉得枕边缭绕仙气的烟霞顿然消失。这一段写得色彩缤纷却层次井然，迷离惝恍而跌宕多姿，前人多谓其中寓有长安三年宫廷生活的印迹。第三段写梦游后的感慨，点出全诗主旨：尘世的欢愉，其实也像梦境一样虚幻缥缈；古往今来的一切，最终都像流水一样，一去而不复返。诗人为自己的痛苦恓惶找到了解脱的答案。奉诏入京是以“赐金归山”而告终的，何时再去探求这种政治出路呢？难道还要去遭受权贵们的凌辱吗？不，品格高洁、生性傲岸的诗人，要身骑白鹿遍访名山，游览大自然的美景。他大声宣称：“怎能低头弯腰、忍辱受屈地侍奉权贵，使我不能开心欢笑！”诗人对名山仙境的向往，就是对权臣显贵的抗争，对黑暗尘世的鄙弃，对自由生活的追求。这首诗在构思上匠心独运，在表现手法上更是别开生面。全诗不写惜别之情，而是借“别”抒怀，在惊心动魄的记梦游仙诗中另有寄托。前人对此已经注意到了，“太白被放以后，回首蓬莱宫殿，有若梦游，故托天姥以寄意”，“题曰‘留别’，盖寄去国离都之思，非徒酬赠握手之什”（陈沆《诗比兴笺》卷三）。这首诗具有深邃的内涵和高超的艺术手法，展现出极度震撼心灵的魅力，成为李白创作道路上的又一块丰碑。

第八章　黄金台上哭昭王

1. 朝廷冤案

天宝六载（747）的夏天，李白满怀喜悦地来到越中，去拜会他最敬仰的前辈贺知章。江南的夏日，空气中弥漫着沁人心脾的稻花香，池塘里盛开着鲜艳欲滴的荷花，令人陶醉。当他得知这位德高望重的耆老已经病故时，大为震惊，沉痛地写下了《对酒忆贺监二首》。贺监，因为贺知章曾担任秘书监之职，故称。秘书监是秘书省的长官，掌管国家经籍图书著作等事。李白在诗中回忆起与贺知章相识即为相知的深厚情谊，老友令人倾倒的风流洒脱举止依然历历在目，不想而今已是人去宅空，“念此杳如梦，凄然伤我情”。老友既然已离世，李白也就没有心思玩赏越中风景了，“稽山无贺老，却棹酒船回”(《重忆一首》)。李白洒着泪水，掉转船头北上，在悲痛中来到金陵。

谁知一到金陵，又有一连串的噩耗传来：他的好友崔成甫被贬；李适之被迫自杀；李邕被杖杀。这些消息使李白更为震惊。这时，朝廷政治更加腐败，玄宗专宠贵妃杨玉环，不理国事，朝政由宰相李林甫把持。李林甫是个“口蜜腹剑”的奸臣，他为了保住自己的相位，嫉贤妒能，不择手段。在天宝六载春天，玄宗诏征天下士人到长安考试选用，他竟让布衣之士全部落第，还向玄宗上表，称贺“野无遗贤”。李林甫又多次制造冤狱，杀害有可能入相的官员。在这之前的天宝五载，他诬陷刑部尚书韦坚与陇右节度使皇甫惟明密谋立太子为帝，玄宗大怒，将两人贬职，接着又将他们杀害。此案牵连了数十人，左相李适之因与韦坚友善，也被贬为宜春郡（今江西省宜春市袁州区）太守，不久被迫自杀。李适之是唐王朝宗室，与玄宗是从兄弟行，也是李白的好友。李白的另一个好友、摄监察御史崔成甫，因曾歌颂韦坚善政而被贬逐到湘阴（今湖南省湘阴县）。天宝六载正月，李林甫又制造事端，杖杀北海太守李邕和淄川（今山东省淄博市淄川区）太守裴敦复。当时守卫北方的著名将领王忠嗣，也因李林甫诬陷而被贬为汉阳（今湖北省武汉市汉阳区）太守，后于天宝八载（749）暴死。这一连串冤案接踵出现，使朝廷上下充满了恐怖气氛。

从天宝五载李林甫制造陷害韦坚的冤案起，一直到天宝十四载（755）安史之乱爆发前夕，是李白忧虑国事、极欲用世而无路可走的时期。李适之、崔成甫、李邕、裴敦复等人的相继遭难，让李白终于从访道求仙的出世思想中猛醒过来，开始注意朝廷内外的动向。

面对朝廷的腐败政治，再度燃起政治热情的李白十分忧虑。他登上凤凰台，面对眼前的江水、青山、城市，吊古思今，无限感慨，写下了他最著名的七言律诗《登金陵凤凰台》：

凤凰台上凤凰游，凤去台空江自流。吴宫花草埋幽径，晋代衣冠成古丘。三山半落青天外，一水中分白鹭洲。总为浮云能蔽日，长安不见使人愁。

凤凰台遗址在今南京市集庆门内来凤街附近。相传南朝宋元嘉年间（424—453），有鸟翔集山间，形似孔雀，文采五色，被当时的人称为凤凰。因此，在山上建台，称为凤凰台，山称为凤凰山。这首诗首联点题。上句写凤凰台的传说，下句悲凤去台空而江水依然奔流不歇，逗引思古之幽情。句法仿用崔颢《黄鹤楼》诗前四句："昔人已乘黄鹤去，此地空余黄鹤楼。黄鹤一去不复返，白云千载空悠悠。"十四字中用了三个"凤"字、两个"台"字，却没有让人觉得重复拖沓，读来节奏流畅。这是将古诗作法融入律诗创作，堪称神奇。颔联承接"凤去台空"，诗人从吴国昔日宫苑如今已成幽僻荒径，东晋贵族士绅现已湮为野坟古冢，悟彻人世沧桑，抒发吊古情怀。颈联从怀古中转出，写眼前之景，上句远眺，下句近观。对偶工整，气象壮丽，乃千古名对。三山，在今南京市西南长江岸边，以有三峰得名。半落青天外，形容三山有一半被云遮住，看不清楚。一水，指长江。白鹭洲，古时在长江中的小洲，后世由于江流西移，洲与陆地遂相连接。遗址在今南京市江东门一带。诗人面对永恒江山，感叹人生短促，功业难建。于是逼出尾联，以"浮云"喻奸佞小人，以"日"喻皇帝，暗指天宝三载遭佞人毁谤谗害而被"赐金还山"的遭遇，并抒发了眷恋朝廷和忠君忧国之情。全诗从登台写起，最终结响于报国无门的忧愤，感情深沉，声调激越。从思想境界看，超过崔颢《黄鹤楼》诗，是唐代前期七律中的名篇。

正是由于玄宗的昏聩，才使得权奸肆无忌惮地迫害忠良。对蒙冤者的同情，对权奸的憎恨，使李白再也控制不住内心的愤懑，在《古风》(其五十一）诗中激情宣泄了当时的忧愤与思虑：

> 殷后乱天纪，楚怀亦已昏。夷羊满中野，菉葹盈高门。比干谏而死，屈平窜湘源。虎口何婉娈！女媭空婵媛。彭咸久沦没，此意与谁论?

这首诗显然是借用殷、楚的宗室比干、屈原的历史题材来讽刺现实。首二句以辛辣的笔锋，借“乱天纪”的殷纣王和昏聩的楚怀王影射玄宗。天纪，就是天之纲纪，指国之法制。三、四两句中，夷羊是古代传说中的神兽。这里喻贤者。菉、葹是两种恶草。这里喻小人。并以“高门”比喻朝廷。因此，这两句实际上描绘了当时的政治环境：神兽在野，恶草盈门，即贤能之士都贬逐在外，谗佞小人却充盈朝堂。五、六两句表面上写商纣王时比干强谏而死，楚怀王时屈原被人谗害而放逐湘源，实际上暗指当时李适之冤死和崔成甫被贬，有很强的现实针对性。七、八两句中，虎口，喻危险的境地；婉娈，依恋、眷恋的意思；女媭，相传是屈原的姐姐；婵媛，牵引、萦绕的意思。揭示贤人在危险境地仍对朝廷和国家非常眷恋，使关心他们的人徒然牵挂担心。末二句中，彭咸是殷朝的贤大夫，谏君不从，投水而死。诗人感叹如今已经没有彭咸那样的贤人，又能与谁去谈论心事呢！全诗洋溢着痛恨权奸和哀挽贤人的强烈感情，也透露出李白满腔心事无人论说的孤独与惆怅。这是李白《古风》中指斥玄宗最激烈的一首诗。

天宝八载冬，一场纷飞的江南大雪，触发了王十二的豪情逸兴，他多么想与好友李白雪夜围炉畅饮啊！可是他找不到李白，于是只好对着雪景独酌，随后作了一首《寒夜独酌有怀》诗寄赠。李白读了友人赠诗后感慨万千，在作《答王十二寒夜独酌有怀》诗酬答时，终于将多年来郁积在心底的愤懑和牢骚一起排遣出来，指陈时事，抨击黑暗；笑傲王侯，浮云富贵；挥斥忧愤，痛快宣泄，充溢着一股怀才不遇的勃郁不平之气：

昨夜吴中雪，子猷佳兴发。万里浮云卷碧山，青天中道流孤月。孤月苍浪河汉清，北斗错落长庚明。怀余对酒夜霜白，玉床金井冰峥嵘。人生飘忽百年内，且须酣畅万古情。

君不能狸膏金距学斗鸡，坐令鼻息吹虹霓。君不能学哥舒横行青海夜带刀，西屠石堡取紫袍。吟诗作赋北窗里，万言不直一杯水。世人闻此皆掉头，有如东风射马耳。

鱼目亦笑我，谓与明月同。骅骝拳局不能食，蹇驴得志鸣春风。《折杨》《皇华》合流俗，晋君听琴枉《清角》。《巴人》谁肯和《阳春》，楚地由来贱奇璞。黄金散尽交不成，白首为儒身被轻。一谈一笑失颜色，苍蝇贝锦喧谤声。曾参岂是杀人者？谗言三及慈母惊。

与君论心握君手，荣辱于余亦何有！孔圣犹闻伤凤麟，董龙更是何鸡狗！一生傲岸苦不谐，恩疏媒劳志多乖。严陵高揖汉天子，何必长剑拄颐事玉阶。达亦不足贵，穷亦不足悲。韩信羞将绛、灌比，祢衡耻逐屠沽儿。君不见李北海，英风豪气今何在？君不见裴尚书，土坟三尺蒿棘居。少年早欲五湖去，见此弥将钟鼎疏。

这首诗的第一段设想友人王十二寒夜怀念自己的情景，为后面的畅抒情怀奠定基础。首二句用东晋王子猷雪夜访戴的故事，将当前时间、地点、环境的交代巧妙地融化在典故中，简洁蕴藉，出神入化。以王子猷比拟王十二，以戴逵自比，别有一番风流飘逸的情趣。接着四句描写寒夜景色，从黄昏一直到天明，浮云碧山，青天孤月，河汉北斗，长庚天明。景中烘托和寄寓着豪士的高洁品格。“怀余”二句传神地想象王十二寒夜独酌的环境，感情深挚。接着二句笔锋一转，承上“怀余对酒”，启下直抒“万古情”，自然过渡到下一段。第二段饱含愤怒的感情，揭露得志小人飞扬跋扈、志士仁人寒窗孤寂的黑暗现实。诗中连用两个“君不能”，形成排比气势。前人多认为此四句是告诫王十二，其实“君不能”者，就是“君不会”之意。王十二乃一介正直书生，对斗鸡徒与黩武者哥舒翰深恶痛绝，所以决不会去取悦统治者。第一个“君不能”，诗人曾在《古风》其二十四中描述过“鼻息干虹蜺”的斗鸡徒。第二个“君不能”，是针对玄宗的不义战争而言的。《旧唐书·哥舒翰传》记载：天宝七载，哥舒翰代王忠嗣为陇右节度支度营田副大使，知节度事。天宝八载，哥舒翰以数万唐军的生命代价，强克在青海的石堡城，擒吐蕃四百余人，屠杀全城百姓。哥舒翰以凶残屠杀获得了高官厚禄，“上录其功，拜特进、鸿胪员外卿，与一子五品官，赐物千匹、庄宅各一所，加摄御史大夫”。《太平广记》卷四九五引《乾臊子》：“天宝中，歌（哥）舒翰为安西（陇右、河西）节度，控地数千里，甚著威令。故西鄙人歌之曰：‘北斗七星高，歌（哥）舒翰夜带刀。吐蕃总杀尽，更筑两重濠。’”紫袍，唐代三品以上官服。正因为“不会”去斗鸡、邀功以取悦统治者，所以王十二与自己一样只会在窗下吟诗作赋，可是纵有诗赋万言，其价值却不如一杯水。世人听了只把头一扭，就像东风吹进马耳一样，无动于衷，不起作用。诗人对王十二的遭遇寄予无限同情，而这也正是自己的境遇。于是，诗人由友人的境遇推及自己，怀才不遇的不平在胸中翻腾起伏，蓄积起更大的气势，终于喷薄而出。由此转入第三段。第三段以鱼目嘲笑明月珠，千里马屈伏在马厩里受饥挨饿，跛足驴子却春风得意，比喻小人得志、贤士被辱。诗人对此给予了强烈的抨击。又用两个典故，《折杨》和《皇华》都是古代流行的俗曲，《庄子·天地》：“大声不入于里耳，《折杨》《皇华》，则嗑然而笑。”《清角》典出《韩非子·十过》：春秋时晋平公很昏庸，却强迫师旷为他演奏《清角》，结果给晋国以及晋平公自己都带来了灾难。说明无德者只能听《折杨》《皇华》等俗歌，没有资格听高雅的《清角》。“《巴人》”句典出宋玉《对楚王问》：“客有歌于郢中者，其始曰《下里》《巴人》，国中属而和者数千人……其为《阳春》《白雪》，国中属而和者不过数十人。”习惯唱低俗的《巴人》者怎么肯去唱和高雅的《阳春》曲？“楚地”句典出《韩非子·和氏》：楚国人卞和在荆山中得到一块玉璞，先后三次捧着进献给三位楚王。前二次都被认为是石头，以欺君之罪被楚厉王、武王命令砍去双足。第三次文王派玉工加工这块玉璞，果然发现是块宝玉，于是命名为“和氏之璧”。诗人用这个典故，比喻统治者只能起用庸碌之徒，而不善于赏识杰出人才。接着诗人又感叹世风日薄，人心势利，当初诗人以为“天生我材必有用，千金散尽还复来”，想不到现在黄金散尽，却朋友难交，白发书生还是被人看轻。“一谈”二句是说，对待权贵稍有不敬，不以笑脸相迎，奸佞小人就喧嚣诽谤，罗织罪状。这里用了两个《诗经》的典故。苍蝇，即青蝇，典出《诗经·小雅·青蝇》：“营营青蝇，止于樊。岂弟君子，无信谗言。”郑玄笺：“蝇之为虫，污白使黑，污黑使白，喻佞人变乱善恶也。”诗人作品中曾多次提到“青蝇易相点，

《白雪》难同调”(《翰林读书言怀呈集贤院内诸学士》)、“楚国青蝇何太多？连城白璧遭谗毁”(《鞠歌行》)等等。贝锦，典出《诗经·小雅·巷伯》：“萋兮斐兮，成是贝锦。彼谮人者，亦已大甚。”郑玄笺：“喻馋人集作己过以成于罪，犹女工之集采色以成锦文。”也是说小人进谗。“曾参”二句，典出《战国策·秦策二》：春秋时，在费地有个跟曾参同名同姓者杀了人，有人先后二次向曾参的母亲报告“曾参杀人了”，曾母都不相信；但第三次有人报告后，曾母扔掉手中的梭子，越墙逃走了。可见谣言是多么可怕。诗人通过一系列的用典和比喻，把被颠倒的是非现象排列展示，形成强烈的对比，铺张扬厉，抨击小人得志猖狂、贤士遭受陷害的黑暗，衬托出诗人磊落坦荡、纯洁尚真的人格力量。第四段诗人向王十二倾心相诉：自己早已将荣辱置之身外了。孔圣，即孔子。《论语·子罕》：“子曰：‘凤鸟不至，河不出图，吾已矣夫！’”又《史记·孔子世家》载，孔子因鲁人获麒麟而叹息道：“吾道穷矣！”被人们视作圣人的孔子尚且不得志，感叹麒麟出不逢时，更何况自己呢！与“大圣犹不遇，小儒安足悲”(《书怀赠南陵常赞府》)是同样的意思。“董龙”句典出《十六国春秋》：前秦宰相王堕性刚峻疾恶，雅好直言。他看不起以佞幸进的右仆射董荣（小字龙），有人劝他敷衍一下，王堕说："董龙是何鸡狗，而令国士与之言乎！"后即以此典指斥佞臣或行为苟且的人。诗人蔑视以佞幸进的小人，把他们视为一群鸡狗，表现出疾恶如仇的决绝态度。"一生"二句是诗人对自己的总结语。正由于"一生傲岸"，不屈己，不干人，不能"摧眉折腰"与权贵相处，结果是天子疏远，举荐徒劳，自己终究壮志难酬。即使如此，诗人仍然坚守高士的人格。他要像当年严子陵对待汉光武帝那样，长揖不拜，何必一定要站在宫廷玉阶之下，长剑拄颐侍奉君王呢！因为诗人认为显达不足为贵，穷困也不足为悲，一切都无所谓了。接着二句又自比韩信、祢衡。当年韩信羞与绛侯周勃、颍阴侯灌婴这些功劳不及者为伍，祢衡耻与陈群、司马朗结交，把这些名士视作屠沽小儿。诗人以此高调傲视权贵，蔑视礼教，不仅因为他要追求人格自由，更因为他自己的理想抱负根本不是当朝权贵们可与相比的。然后笔锋一转，直指黑暗时事：当年被权奸杖杀的北海太守李邕和刑部尚书裴敦复，他们的英风豪气还在吗？如今能看到的只有三尺土坟上的蒿草荆棘！诗人在此的悲愤呼喊是对权奸的强烈控诉，是对黑暗朝政的无情鞭笞。诗人深感正直的高士难有善终，退隐思想再次闪出：年轻时就立志像范蠡那样功成身退，如今看到世道如此黑暗艰险，更是把富贵荣华看得淡薄了。“五湖去”的典故出自《国语·越国》：春秋时越国大夫范蠡扶助越王勾践灭吴国，功成身退，随后乘轻舟浮游于太湖，最终不知去了哪里。全诗至此结束，但愤慨激昂的余音仿佛仍在言外回荡。

2. 思儿寻友

这一时期，除了忧虑国事，李白还惦念着寄居在东鲁的两个孩子，经常托人前去看望。朋友杨燕要去东鲁，李白热泪滚滚：“二子鲁门东，别来已经年。因君此中去，不觉泪如泉。”（《送杨燕之东鲁》）两个孩子的可爱形象常常出现在他眼前，特别是儿子伯禽，三年不见，李白想象他一定长高了吧。当一个姓萧排行三十一的朋友要到东鲁去时，李白特别嘱咐他去看望伯禽：“我家寄在沙丘傍，三年不归空断肠。君行既识伯禽子，应驾小车骑白羊。”（《送萧三十一之鲁中兼问稚子伯禽》）由于许氏夫人早逝，李白又长期在外漫游，两个孩子得不到父母爱抚，李白对此十分痛心。在《寄东鲁二稚子》诗中，表露了深切的慈父之情：

吴地桑叶绿，吴蚕已三眠。我家寄东鲁，谁种龟阴田？春事已不及，江行复茫然。南风吹归心，飞堕酒楼前。

楼东一株桃，枝叶拂青烟。此树我所种，别来向三年。桃今与楼齐，我行尚未旋。

娇女字平阳，折花倚桃边。折花不见我，泪下如流泉。小儿名伯禽，与姊亦齐肩。双行桃树下，抚背复谁怜？

念此失次第，肝肠日忧煎。裂素写远意，因之汶阳川。

诗人自天宝五载秋天离开东鲁，至此时已三年了。首六句，从江南满目的春色想到自己在东鲁龟山北面的田地无人耕种，心中茫然。接着由“南风”两句过渡到想象世界：先用六句想象酒楼前亲手栽种的桃树，三年来长得与酒楼一样高了吧！而自己还在南方没有回去。然后用八句想象女儿平阳在桃树边折花思念父亲而流泪，儿子伯禽个子也长得与姐姐一样高了。他们同在桃树下行走，有谁抚摩他们的脊背而表达怜爱呢？这十四句描绘想象中的情景，充满了诗人对家和儿女浓烈的挂念之情。最后四句回到现实，点明因想念儿女“肝肠忧煎”而用白绢写成此诗，寄往东鲁。诗中想象儿女的体态、动作、神情、心理活动，都描绘得惟妙惟肖，生动逼真，由此反映出诗人对儿女的深情。

由于不能忍受对女儿平阳、儿子伯禽惦念的煎熬，李白终于在天宝九载（750）回到东鲁，与儿女相聚。

这年秋天，元丹丘隐居在唐州湖阳县（今河南省唐河县西南）的石门山，李白应邀来到这里。他又与元丹丘一起度过了一段时间的隐居生活。但这时李白对隐居很不安心，时常忧虑着国家的命运，深藏在心底的用世热情又燃烧起来，“安社稷”“济苍生”的责任感，使他从道教迷信中挣扎出来。他不甘心在山林中无所作为，决心在这多事之秋成就一番事业。“欲献济时策，此心谁见明”（《邺中赠王大劝入高凤石门山幽居》），他想进献清除时弊的良策，但有谁能采纳呢？

3. 北上幽燕

天宝十载（751），李白回到梁苑，与武后时宰相宗楚客的孙女结了婚。婚后，李白与夫人宗氏商量北上幽燕、到边地一显身手的打算。就在这时，又有惊人的消息传来：盘踞北方的安禄山正在招兵买马，阴谋反叛。安禄山原是幽州（今北京市一带）节度使张守珪手下的一个偏将，曾因罪削职。他善于谄媚奉承朝廷的权贵，与张垍关系很密切。当时李林甫为了永远保住自己的相位，消除过去常从边地文官将领中提拔宰相对他的威胁，向玄宗建议，起用“忠勇善战”的胡人为边境节度使。他说这些人没有文化，对皇帝很忠诚，作战很勇敢。实际上是因为他们不可能入朝为宰相，与他争夺相位。这建议竟然被玄宗接受了。而安禄山很快取得了玄宗和杨贵妃的宠爱。天宝元年玄宗任命安禄山为平卢（管辖今辽宁省朝阳市一带）节度使；天宝三载，安禄山又兼范阳（即幽州）节度使；为了取得玄宗的宠信，安禄山用卑劣的手段诱杀周边部族首领，冒领边功，玄宗居然又奖赏他兼河东（管辖今山西省太原市一带）节度使。从此，安禄山身兼三镇，掌握了大量兵力，控制了大片北方地区。于是野心勃发，蠢蠢欲动，暗地里招兵买马，准备夺取天下。安禄山的举动，引起了不少朝廷大臣的警惕。早在天宝六载，朔方（管辖今宁夏回族自治区灵武市一带）节度使兼河东节度使王忠嗣，就向玄宗奏称安禄山必反。但玄宗不以为然，反而更加宠信安禄山。后来，玄宗干脆把告发安禄山的人，直接送交安禄山处置，表示对他的信任。于是，安禄山的气焰更为嚣张，阴谋反叛的准备工作也在紧锣密鼓中加紧进行。

李白和宗氏夫人风闻安禄山的情况后，感到很吃惊，但不知这消息是否属实。李白感到有一种强烈的责任感在推动他，到边境去的决心更大了，他要亲自到幽燕去窥探虚实。宗氏夫人则极力反对。她是一个很有政治头脑的妇女。她的祖父宗楚客，当年就因参加韦后之乱被处死，所以她深知政治风云变幻莫测，仕途多险。她不希望李白参加政治活动，当然更反对他北上幽燕的冒险行动。但李白此时心系国事，在他看来，国家将面临灾难，个人安危又何足道哉！他不顾宗氏夫人苦口婆心的劝阻，终于在天宝十载秋冬之交踏上向幽燕的征途。

安禄山是否真要叛乱？李白此时心中还没有底。他把此行看作是一次“探虎穴”的冒险行动。路经大梁（今河南省开封市）时，朋友们为他饯行，他豪迈地说："我暂且告别诸位，扬鞭驰马过黄河，为探虎穴到北方，请大家不要像战国时荆轲别燕太子丹那样涕泗滂沱。"他表面上虽然豪情满怀，但内心还是惴惴不安的："劝尔一杯酒，拂尔裘上霜。尔为我楚舞，吾为尔楚歌。且探虎穴向沙漠，鸣鞭走马凌黄河。耻作易水别，临歧泪滂沱。"（《留别于十一兄逖裴十三游塞垣》）

渡过黄河后，李白经清漳（今河北省广平县）来到邯郸（今河北省邯郸市）。在广平郡（治所在今河北省邯郸市永年区东南）太守李傰陪同下，他登上洪波台观发兵，还登上城楼观赏古迹，吟诗抒怀。他希望安禄山的招兵买马是为了加强边境的防卫。这样，他就可以向朝廷献上良策，安抚胡人，一举使天下清平，不再有胡兵入侵。由于李白一路上与地方官员游处，所以直到第二年，即天宝十一载（752）十月，才到达幽州。在这里，边地少年的尚武精神给李白留下了深刻印象。他们不识一字，只知道游猎，并以身手矫健自夸。每当秋高马肥之时，挥鞭呼鹰出郊纵猎，弯弓满月，箭无虚发，而且常常是一箭二鸟，射艺精湛。他不禁感叹："儒生不及游侠人，白首垂帷复何益？"（《行行且游猎篇》）质疑朝廷贪图边功，造成重武轻文的偏废。李白目睹安禄山为了边功市宠，屡次开启边衅，给人民带来了巨大灾难，写下了乐府诗《北风行》，强烈地谴责安禄山挑起不义战争的罪恶，表达了对人民的深切同情：

　　烛龙栖寒门，光耀犹旦开。日月照之何不及此？唯有北风号怒天上来。燕山雪花大如席，片片吹落轩辕台。

　　幽州思妇十二月，停歌罢笑双蛾摧。倚门望行人，念君长城苦寒良可哀。别时提剑救边去，遗此虎文金鞞靫。中有一双白羽箭，蜘蛛结网生尘埃。箭空在，人今战死不复回。不忍见此物，焚之已成灰。黄河捧土尚可塞，北风雨雪恨难裁！

首起六句运用神话怪诞的魔力，竭力突出幽州的严寒。烛龙是神话中住在太阳照不到的寒门的一条神龙，它睁眼为白昼，闭眼为黑夜。诗人借此神话反衬幽州之地没有光明和温暖，比寒门还要黑暗和寒冷。“燕山”二句，对雪的描写，气象雄伟，想象奇特，极尽夸张之能事，成为千古传诵的名句。至此，环境气氛已造足，“幽州思妇”就登场了。诗人用“停歌”“罢笑”“双蛾摧”“倚门望行人”等一连串的动作，刻画人物的内心世界，塑造出一位愁肠百结、忧心忡忡的思妇的形象。思妇从幽州的苦寒，想到远在长城从军的丈夫境况更苦。目睹丈夫留下的箭袋，白羽箭已结蛛网，布满尘埃。睹物思人，已是黯然神伤。更何况，而今是“箭空在”，人则“不复回”了。希望落空的哀伤，绝望永伴的痛击，没有让她放声悲号，而是把万般痛苦深藏于心底。人亡物在，何忍再睹？不如焚烧成灰。这一行动深刻地揭示出思妇悲痛欲绝的心境。最后，诗人用惊心动魄的夸张比喻，表达思妇的极度哀痛：即便是广阔无边的滔滔黄河，还可捧土来阻塞，而她的怨恨，却如北风雪雨那样难以遏制。诗的结尾二句反衬出思妇之恨的深广，具有震撼的艺术感染力。

通过一段时间的观察，李白终于看透了安禄山的狼子野心，幽州已经成为反叛朝廷的策源地。这里在招兵买马、筹备军饷、日夜操练的背后，竟然隐藏着不可告人的巨大阴谋。李白预感叛乱已迫在眉睫。他多么想亲手除去这匹恶狼，但是自己无能为力。他又想把这些情况报告玄宗，但正是玄宗亲手把北方的大片河山，尽数交给了凶残的安禄山。安禄山的气焰已经像长鲸那样嚣张了，仿佛呼吸之间就可使百川奔走、燕然山倒塌。作为一介布衣，自己的话怎能使玄宗相信！猛然间，他想到这里曾是战国时燕昭王筑黄金台招贤复国的地方，黄金台遗址尚在。于是，李白狂奔到黄金台上，呼天抢地地哭诉着他所看到的一切。既然如今已经没有像燕昭王那样重视贤才的君主了，那么即使有像乐毅那样聪慧精干的将军再生，也一定会奔亡离去。他满腔忧愤，却无处诉说，自认为只能隐居避世了。

4. 远别离

李白对幽州的形势完全看清了。但自己除了洁身远走外，似乎没有什么办法。就在这年冬天，李白离开幽州南下。一路上，他忧心忡忡，心情郁结。天空中日色暗淡无光，云气浑浊晦暗，烟雨中只闻猩猩哀啼，鬼怪嚎叫。这景象与权奸得势、良莠不辨的昏暗朝政多么相像！君主恐怕不会了解自己的忠诚，因此，即使向他进谏，他又怎么会相信呢？大暴雨即将来临。但他还是忍不住向玄宗提出警告：国君失去贤臣的辅弼，即使他是神龙，也会变成被人捕捉的游鱼；大权落在佞臣手中，即使只是老鼠，也会变成磨牙吃人的猛虎。乐府诗《远别离》正是在充满忧虑的心情中创作的：

> 远别离，古有皇英之二女；乃在洞庭之南，潇湘之浦。海水直下万里深，谁人不言此离苦！
>
> 日惨惨兮云冥冥，猩猩啼烟兮鬼啸雨。我纵言之将何补？皇穹窃恐不照余之忠诚，雷凭凭兮欲吼怒。
>
> 尧舜当之亦禅禹。君失臣兮龙为鱼，权归臣兮鼠变虎。或云尧幽囚，舜野死。九疑联绵皆相似，重瞳孤坟竟何是？
>
> 帝子泣兮绿云间，随风波兮去无还。恸哭兮远望，见苍梧之深山。苍梧山崩湘水绝，竹上之泪乃可灭。

诗的开头和结尾都引用了传说中舜与娥皇、女英二妃的故事。相传上古时代，帝尧将两个女儿娥皇和女英嫁给了舜。舜巡狩南方，死于苍梧之野，葬在九嶷山（即苍梧山）。二妃来到湘水边，扶竹遥望九嶷山，泪水洒在竹子上，化为斑点，即为斑竹，又称湘妃竹。她们在眼泪流尽后，投湘水而死。由此点出题意：永远别离。开头六句，写舜与二妃别离之苦比海水还深，为下文伏笔。“日惨惨”五句，用比兴手法，渲染君王不能看清楚自己忠诚的险恶氛围。“尧舜”七句，以尧舜被迫禅位的传说告诫君王失权之祸。“帝子”六句，回应开头，以斑竹泪迹不灭表明娥皇、女英与舜的生死离别遗恨千古。全诗围绕“离苦”，将神话传说与社会现实融为一体，惝恍迷离的氛围中透着深永的悲情，意境深邃含蓄，抒发了诗人内心的孤寂苦闷与忧虑慨叹。

第九章　重游江南

1. 忧虑国事

李白从幽燕归来，回到梁苑与宗氏夫人团聚。但时隔不久，在天宝十二载（754）秋天，他又告别宗氏夫人，南下宣城（今安徽省宣城市），并经常往来于金陵、当涂。

这时，李白的好友崔成甫也在宣城一带，他们经常遇见，李白写了不少酬赠的诗篇。崔成甫因韦坚案被贬湘阴后，到处寻找李白，后到金陵会面，两人一起度过了一段放浪愉快的生活。有一天晚上，李白和一些酒客在金陵城西孙楚酒楼酣饮赏月，忽然想起了崔成甫，就草草裹上乌纱巾，倒披着紫绮裘，乘船到石头城崔成甫的住处访问。秦淮河两岸行人看见李白放浪不羁的风度，拍手欢呼，疑心是东晋名士王徽之雪夜访戴逵的风雅之事重现了呢。后来他们又在宣城相会，交往非常密切，并和宣城宇文太守也结下了深厚友谊。

但是，这一时期李白脑海里始终浮现着阴影，除了安禄山的动向使他焦虑外，朝廷的腐败政治也使他深为担心。这时，李林甫已经去世，代之为相的是杨贵妃的堂兄杨国忠。杨国忠为了巩固自己的地位，在天宝十载和十三载（754）先后两次发动对南诏（今云南省大理市一带）的战争。南诏是唐代西南民族建立的一个政权，附属唐朝。天宝九载，宰相杨国忠推荐鲜于仲通为剑南节度使（治所在今四川省成都市）。南诏国王阁罗凤带着妻子去谒见鲜于仲通，路过云南郡（今云南省姚安县）时，太守张虔陀奸污其妻，并进行敲诈勒索。阁罗凤没有答应张虔陀的无理要求，张虔陀就派人前去辱骂，还向朝廷密奏他的罪行。阁罗凤大怒，起兵攻取云南郡，杀死张虔陀，并攻占了原来归附于唐朝的西南夷三十二州。天宝十载四月，鲜于仲通率精兵八万进攻南诏，战于泸南，遭到惨败。而杨国忠却为他隐瞒败绩，仍然向玄宗谎报战功。接着，杨国忠又在长安、洛阳等地大肆征兵，准备再次进攻南诏。人们都知道云南多瘴气瘟疫，北方人到那里，往往还未作战就染病而死，所以不肯应募。杨国忠派人四处捕捉，将人们戴枷送往军所。“于是行者愁怨，父母妻子送之，所在哭声振野。”(《资治通鉴·天宝十载》) 这场战争的结果造成了南诏归附吐蕃。因此，这次战争在全国引起了极大的反响。李白的《古风》(其三十四) 诗，就是叙写这次战争给人民造成的灾难，抨击了当权者穷兵黩武之罪：

> 羽檄如流星，虎符合专城。喧呼救边急，群鸟皆夜鸣。白日曜紫微，三公运权衡。天地皆得一，淡然四海清。借问此何为？答言楚征兵。渡泸及五月，将赴云南征。怯卒非战士，炎方难远行。长号别严亲，日月惨光晶。泣尽继以血，心摧两无声。困兽当猛虎，穷鱼饵奔鲸。千去不一回，投躯岂全生！如何舞干戚，一使有苗平！

这首诗的开头四句渲染出征前的气氛：羽檄飞传，军队频调，援救边疆危情的喧嚣声音惊得夜鸟乱鸣。羽檄，征兵的文书，以鸟羽插檄书，表示紧急。虎符，即虎形的兵符，古代征调军队的凭证。紧迫忙乱，喧闹嘈杂，诗人对这次战争的否定态度已暗含其中了。接着四句宕开一笔，勾勒出一幅四海承平的盛世画卷：君明臣能，国泰民安。紫微，星座名，即紫微垣，喻君王居处。三公，此处指朝廷的军政长官。“天地皆得一”句出自《老子》中“天得一以清，地得一以宁”。“天地”二句即天下清平安宁之意。如此寰宇宴清的画面，与之前的急迫备战形成鲜明对照。既然是太平盛世，为何会爆发战争？“借问”句是诗人的明知故问，谴责之意显然若见。“答言”三句补叙是为这次战争征兵，并说明了开赴时间、目的地。“怯卒”六句，诗人以浓墨重彩描画士卒与亲人别离之惨状。短短几句，就把离别的场景描写得声情并茂，撼人心魄。“困兽”四句写驱民于虎口的结果。以“困兽”“穷鱼”喻怯卒，“猛虎”“奔鲸”喻悍敌。诗人以形象的比喻、鲜明的对照，揭示出这些强征于普通百姓的“怯卒”，在险恶的气候环境中对阵桀悍之强敌，“千去不一回，投躯岂全生”也就是必然的结果了。最后两句用典故衬托，批评当权者不能以文德来远人。据《帝王世纪》记载，上古时代，有苗氏部落不受舜统领，禹欲征伐。舜不同意以武力征服，说：“我德不厚而行武，非道也。”于是，修内政三年，执干（盾）戚（斧）而舞，有苗氏便服威怀德而归顺了。当时唐军大举南下，南诏王曾表示谢罪，愿归还掠夺的人口和财物，修复云南城。如果唐廷能审时度势，处置得当，应该会有个较好的结果。南诏归附吐蕃后，阁罗凤在国城门口镌刻石碑，说自己叛唐是出于无奈，并且说："我们南诏世代臣服于唐朝，受唐朝的封爵。后世被允许归附唐朝时，可以向唐朝的使者指示此碑，让他们知道我背叛唐朝并不是出于本心的意愿。"但当时杨国忠等拒绝南诏请求，一味迷信武力，结果招致惨败。诗中显然含有这层意思。这首诗在谋篇布局上颇具匠心，迂回盘旋，跌宕起伏，错落有致，使人有回肠荡气之感。诗中表达了忧国忧民、反对统治者不恤民力而穷兵黩武，这与同时代诗人高适等人为战争大唱赞歌形成鲜明对比，由此可以看出李白高尚的政治品格。

对南诏的第二次战争发动于天宝十三载。六月，剑南留后李宓率兵七万进攻南诏，行进到太和城，士兵中得瘴疠及饿死的已十之七八，不战自溃，只得退兵。南诏和吐蕃联军乘机追击，生擒李宓。杨国忠隐瞒实情，继续发兵征战，前后死者近二十万，耗费了大量军费，唐军元气大伤。李白对这一次战争也很关注。他认为朝廷发动的两次对南诏的战争，结果是“毒草杀汉马，张兵夺秦旗。至今西二河，流血拥僵尸”(《书怀赠南陵常赞府》)，全军覆没，血流成河，这是将领没有当年诸葛亮七擒孟获的本领造成的。再加上当时京城遭灾多年，粮食不足，物价飞涨，百姓生活十分艰辛。他担忧朝廷将乱，感叹自己不能为世所用，虚掷光阴，“霜惊壮士发，泪满逐臣衣”，仿佛不经意间发现自己已是白发如霜，不免使人心惊而泪满衣襟，可见心情是非常沉痛的。

李白在忧虑中度日，心绪极度烦躁。有一次，时任监察御史的李华来到宣城，李白陪他一起登上陵阳山上的北楼。此楼是南朝诗人谢朓任宣城太守时所建，人称谢朓楼。李华是唐代著名散文家，与萧颖士齐名，世称“萧李”，是唐代古文运动的先驱之一。此时正是秋风送爽、北雁南飞时节，两人登楼畅饮，谈文论诗，缅怀古人，驰骋想象。李白写了《陪侍御叔华登楼歌》(现在各本此诗题目都用《宣州谢朓楼饯别校书叔云》)：

弃我去者昨日之日不可留，乱我心者今日之日多烦忧。长风万里送秋雁，对此可以酣高楼。蓬莱文章建安骨，中间小谢又清发。俱怀逸兴壮思飞，欲上青天览明月。抽刀断水水更流，举杯消愁愁更愁。人生在世不称意，明朝散发弄扁舟。

这首诗首二句用十一字长句陡起，酣畅淋漓，直抒胸臆。“昨日”指已经逝去的岁月，包括开元盛世的美好时光。但是，诗人的理想尚未得到施展，美好岁月却已经弃人而去，这里包含着诗人对壮志未酬和韶华流逝的怅然和感叹。“今日”不是仅指眼前的时光，理应包括近几年的岁月。当时控制着北方广大地区的安禄山重兵在握，潜伏的危机随时有可能爆发；杨国忠发动对南诏的战争，不仅耗费了大量民力财力，还造成无数家庭生离死别的灾难。诗人凝结于胸的忧国忧民和报国无门的苦闷之情，竟与日俱增，难以排解。既说“弃我去”，又说“不可留”，既说“乱我心”，又说“多烦忧”，这种重叠复沓的语言，以及破空而来的发端，深刻地揭示出诗人郁结之深沉、忧愤之剧烈、心绪之烦乱。“长风”二句突作转折。诗人在胸中郁气喷薄而出之时，突然望见浩瀚碧空中秋雁南飞之景，心境豁然开朗，顿感烦忧尽扫，心中舒畅无比，登楼酣饮的豪兴油然而生。由此点明诗题中的“登楼”。“蓬莱”二句切题面“陪侍御叔华”，以推崇东汉蔡邕等人的文章和建安诗人的风骨，赞美李华的文章；以推崇谢朓诗歌的清新秀发，自誉诗歌成就。“俱怀”二句写酣饮时的豪兴，两人都满怀超逸豪迈的意兴志向，酒酣后更是飘然欲飞，仿佛要登天摘取月亮。览，通“揽”，摘取。李白一生喜爱明月。在他的诗中，“月”的意象已经成为他美好理想的象征。这里的“月”，显然也是表达的这一含义。“欲上青天”的形象显然是诗人对理想境界的追求，也是全诗激扬情绪的高潮。诗人想象的翅膀尽可自由翱翔，但现实毕竟是残酷的。“抽刀”二句又是大转折，诗人的思绪被拉回到现实中。想要用刀来斩断谢朓楼前东流不止的宛溪水，但万端愁思如水，刀斩更流；想要借酒来排遣心中积压的苦闷，但酒浇更愁。末两句，诗人自明心迹：“愁”的根源是由于“在世不称意”。正因为报国无门，壮志难酬，才造成自己忧愁难断。既然如此，唯一的途径只有“散发弄扁舟”来摆脱愁苦了。这里兼有放浪不羁和傲视权贵两层意思。全诗感情波澜起伏，结构跌宕跳跃，语言生动自然，风格豪放深沉，充分展现了李白内心世界的激烈活动。这首诗的用韵也很有特点，每四句一转韵。前四句的“留”“忧”“楼”和后四句的“流”“愁”“舟”都是押的平声“尤”韵，而中间四句的“骨”“发”“月”押的是入声“月”韵。这一特点，前人已经注意到了，王尧衢《唐诗合解》卷三指出：“此篇三韵两转，而起结别是一法。”王闿运手批《唐诗选》卷八说：“中四句不贯，以其无愁也。”将声律艺术作为诗歌内容表达的重要手法，李白这首作品是一个绝佳的例子。

敬亭山，在宣城之北。南朝齐建武二年（495），谢朓在政治上受到排挤，由中书郎出为宣城太守。他曾游览敬亭山，并留下了《游敬亭山》诗。在诗的结尾，谢朓自我排遣道：“皇恩既已矣，兹理庶无睽。”皇恩既然已经逝去，那么就此沉湎山水、追游仙界，该不会有什么过错吧？李白在这样愁闷的日子里，来到敬亭山。在一片幽静的环境中，他寄情于鸟，但众鸟却高飞远逝；寄情于云，孤云也悠闲飘散。仿佛鸟和云，乃至世间万物都在躲避他，厌弃他。诗人孤寂的心灵无从寄托，只是静静地观望着敬亭山：

众鸟高飞尽，孤云独去闲。相看两不厌，只有敬亭山。

——《独坐敬亭山》

这首诗前两句中用“尽”“闲”二字，营造出静谧的境界，以烘托诗人内心的寂寞和孤独，也暗示独坐观望之久。诗的后两句用拟人化的手法写出诗人对敬亭山的感情。诗人凝视敬亭山，觉得敬亭山也在默默地凝视自己，仿佛理解诗人内心的苦闷，给诗人以友人般的抚慰。敬亭山本是无情之物，但在诗人眼里却是多情的。因为众鸟、孤云都弃自己而去，只有它依依陪伴着自己。“相”“两”同义重复，充满强烈感情色彩，深切表达出心心相印、互看不厌的情谊。用“只有”二字，表示除了敬亭山之外，诗人已无人可亲。诗人越是写敬亭山的多情，也就越是衬托出人世的无情。全诗风格平淡恬静，融情于景而创造出寂静的境界。

2. 哭日本友人晁衡

天宝十三载（754）五月，李白在广陵遇见青年诗人魏万。魏万，后改名魏颢，别号王屋山人。魏颢对李白十分崇拜，奔波三千里寻找李白。他先是到梁苑寻找，听说李白已往东鲁，又寻到东鲁。可是李白已经南下，仍未遇到。他便跟着李白的游踪，寻访到越中。历尽千辛万苦，终于在广陵与李白相遇。李白大为感动，两人谈得非常投机，“一长复一少，相看如弟兄”（魏颢《金陵酬李翰林谪仙子》）。李白称赞魏颢以后“必著大名于天下”（魏颢《李翰林集序》），希望魏颢成名之后，不要忘记李白和李白的儿子明月奴（即伯禽）。他们在广陵愉快地度过了一些时日，就同舟到了金陵，一起寻访古迹，游览名胜。分别时，李白把自己的诗文交给魏颢，请他编成集子。魏颢没有辜负李白的重托。肃宗上元初（760—761），魏颢进士及第，将李白的诗文编成《李翰林集》，并写了一篇序。那时李白还在世。这个《李翰林集》是李白最早的一个集子，可惜现在只留下魏颢的序，集子已经失传。李白和魏颢虽然年龄相差很大，而且结交时间也不长，但两人感情却十分融洽。分别时，李白写诗说：“黄河若不断，白首长相思。”（《送王屋山人魏万还王屋》）魏颢则表示：“此别未远别。”（魏颢《金陵酬李翰林谪仙子》）但后来他们却再也没有见过面。

在广陵，魏颢告诉李白，日本友人晁衡不幸遇难，李白十分伤心。中日两国自古以来就有友好的交往，而唐朝时达到了高峰。据记载，从唐太宗贞观四年（630）到昭宗乾宁元年（894），日本共派出遣唐使团十九次。这些派往唐朝的人中，除使臣和工作人员外，还有大批留学生、学问僧和技术工匠等。很多日本留学生在长安学习达二三十年之久，有的甚至终老中国。晁衡是日本奈良时代遣唐留学生阿倍仲麻吕的华名，又作“朝衡”“仲满”。玄宗开元五年（717），二十岁的晁衡随第九次遣唐使团来到中国。晁衡学成后，“慕中国之风，因留不去”（《旧唐书·东夷传·日本国》）。他在朝廷任职，与当时很多有名的诗人都有交往。天宝十二载，晁衡任秘书监，兼卫尉卿。这年的十二月，晁衡随遣唐使藤原清河等自长安经扬州回日本。晁衡离开长安时，玄宗亲自为他饯行，并御笔题诗。诗人王维、储光羲、包佶、赵骅等友人都赋诗送别，情意殷殷。李白早在天宝初供奉翰林时就与晁衡结识。这次晁衡回日本，路过扬州时，可能又与李白见过面。晁衡与魏颢也有亲密交往，曾送过一件日本裘给魏颢。晁衡回国途中在海上遇到风暴，漂流到安南驩州（今越南安城县）。后来于天宝十四载（755）六月辗转重返长安，最终仕至左散骑常侍、镇南都护，大历五年（770）卒于长安，终年七十三岁。李白当时听说晁衡等人在海上遭遇风暴失踪，误以为身亡。他悲痛不已，写了《哭晁卿衡》诗悼念这位日本友人：

日本晁卿辞帝都，征帆一片绕蓬壶。明月不归沉碧海，白云愁色满苍梧。

这首诗首句点明本事，“辞帝都”三字，包含着当时朝廷上下隆重欢送的场景。次句描绘挂帆东渡之景。“征帆”在浩渺大海中只是“一片”而已，衬托海之大、舟之小，暗示航行艰险。“绕蓬壶”三字，既写海中岛屿之多，又隐含航程曲折、漂泊无定、前程未卜等悬念，在景致摹写中寄寓着忧情。后两句运用比兴手法，隐喻晁衡遇难溺死海中，深切寄托哀挽痛悼之情。“明月”即明月珠。《楚辞·九章·涉江》：“被明月兮佩宝璐。”王逸注：“言己背被明月之珠，腰佩美玉。”此处借喻品质高洁和才华杰出的晁衡。意思是说：晁衡遇难犹如明月珠沉海，使人深感痛惜。末句以哀愁之景写伤悼之情，寓情于景。诗人通过白云哀伤、苍梧色变的拟人化手法，烘托出云天、碧山、沧海与人同悲的氛围，于缥缈景色中寄托哀悼之情，情韵悠长，含不尽之意于言外。

3. 秋浦歌

这一时期，李白还来往于秋浦（今安徽省池州市贵池区）、泾县一带。天宝十四载秋天，李白游览了附近的玉镜潭、桃胡陂、白笴陂等胜景，清新幽静的环境使李白的心情比较愉快。在这里，他与社会底层人民也有了较多的接触。他创作的组诗《秋浦歌》十七首中，有不少是反映劳动人民生活的。如其十四：

炉火照天地，红星乱紫烟。赧郎明月夜，歌曲动寒川。

这一首是李白诗歌乃至中国古代诗歌中唯一歌赞冶炼工人的诗。前二句写冶炼场面：炉火熊熊燃烧，把天地都照得通红；火星四溅，紫烟升腾。整个场面气氛热烈，色彩缤纷，从中可以感受到诗人的兴奋、惊奇之情。后二句描绘冶炼工人的形象。诗人用“赧郎”一词称冶炼工人。赧，原指因羞愧而脸红。此处是指炉火映红了脸。“赧郎”句描绘了炉火和明月交映下冶炼工人的肖像，结句则揭示冶炼工人的内心世界，他们边劳动、边歌唱，嘹亮的歌声使寒冷的秋浦山水为之震动。反映出冶炼工人乐观的情绪和美好的品德。前三句写光和色，末句写声，有声有色，使热烈的劳动场景与静谧的夜景形成鲜明对比。

还有其十六：

秋浦田舍翁，采鱼水中宿。妻子张白鹇，结罝映深竹。

这一首是写一对农家老夫妇的生活：丈夫为捕鱼而住宿在水上的舟中，妻子则忙着结网捕鸟。笔调明快，很有民歌风味。

在泾县桃花潭，李白与当地人汪伦结下了深厚友谊。汪伦性格豪爽，喜欢结交名士，与李白交谊很深。李白临走时，汪伦特地带着人赶到桃花潭边踏歌送行。李白心里很感动，当即吟诗相赠：

李白乘舟将欲行，忽闻岸上踏歌声。桃花潭水深千尺，不及汪伦送我情。

——《赠汪伦》

踏歌，唐代民间流行的一种集体歌舞表演性质的风俗。踏歌者手拉手，用脚踏出节拍，边唱边舞。可见送行场面的隆重热闹。诗中用具体形象的桃花潭水之深，比喻抽象的汪伦相送的情谊之深。全诗完全出自口语，没有辞藻的修饰，信手拈来，清新质朴，天然妙成。

李白这一时期为国家的命运忧虑，为个人不能施展抱负而愁闷。然而，他在与普通劳动人民和友人相处时，获得了他们真诚的友情，这多少让李白孤寂的心灵得到了些许抚慰。

第十章　报国蒙冤

1. 国乱奔亡

天宝十四载（755）冬天，安禄山终于发动了叛乱。他假称奉玄宗密旨讨伐杨国忠，率十五万军队，号称二十万，长驱南下。当时，各地官兵都毫无准备，沿途郡县守令，或开门投降，或弃城逃走，或被捕遭杀，一片混乱。黄河以北地区很快成了安禄山的天下。玄宗得到安禄山反叛的报告，起初还不相信，等醒悟到由他亲自豢养起来的这只恶虎，确实已攻打到黄河边时，已经来不及抽调军队了，只得仓猝布置防御。当时安西节度使封常清正好在长安，便立即任命他为范阳、平卢节度使，到东都洛阳募兵；又在长安募兵十万。封常清率兵镇守洛阳，作为第一道防线。玄宗又任命皇子李琬为征讨元帅，将军高仙芝为副帅，宦官边令诚为监军，率兵五万，出潼关屯守陕郡（今河南省三门峡市西），作为第二道防线。

安禄山的叛军一路势如破竹，不到一个月就渡过黄河，攻克陈留、荥阳（今河南省郑州市），随后兵临洛阳，疯狂进攻。封常清招募的士兵都是些市井商贩，根本不会打仗，加上使用的都是兵库里锈钝的武器，怎么能抵挡得住养精蓄锐十年之久的叛军？因此一经战斗，便全军覆没。十二月，第一道防线被冲破，洛阳沦陷。安禄山攻占洛阳后，大肆烧杀抢掠，百姓惨遭涂炭。封常清逃到陕郡，与高仙芝会合。封常清与高仙芝商量：陕郡无险可守，不如退守潼关。于是主动撤掉了第二道防线，陕郡沦陷。玄宗听说封常清战败逃跑，高仙芝不战而退，加上监军边令诚进谗，勃然大怒，命令边令诚在军中处斩封常清、高仙芝两将。虽然将士们为封、高两将大喊冤屈，但两人还是被边令诚杀了。接着，玄宗任命已经瘫痪养病的原河西节度使哥舒翰为兵马副元帅，率兵十多万，号称二十万，出守潼关。

从安史之乱爆发一直到逝世，是李白报国济世而蒙冤的时期。

安史之乱爆发时，李白已经从宣城回到了梁苑。叛军渡过黄河，一路进攻梁苑，李白携宗氏夫人仓猝逃难，有《奔亡道中五首》记其事。叛军攻占洛阳时，李白和宗氏夫人沦陷在叛军的占领区，“苏武天山上，田横海岛边。万重关塞断，何日是归年”（其一）。李白以苏武被匈奴扣留、田横困于海岛比喻自己的处境。关塞阻断，不知何日才能逃出重围。但幸运的是不久就找到了机会，他们乔装改扮，“短服改胡衣”（其二），改穿胡人的装束逃出沦陷区。然后，一路向西，逃入潼关。这时中原已经被安禄山占领，函谷关变成如玉门关那样的边关。洛水、嵩山本是中原的山水，如今变成边塞的易水、燕山。中原的风俗语言也受到羌胡影响而改变，连人们的面容也多带着边塞的风沙之色。李白面对国难，多么希望能为平叛建立功绩，“谈笑三军却，交游七贵疏。仍留一只箭，未射鲁连书”（其三）。他用战国时为赵国却秦军而不受赏的鲁仲连自比，用鲁仲连射书下聊城的典故，表示自己怀有排难解纷的谋略，只是由于自己与朝廷权贵疏远，没有进身的机会。

逃至潼关时，李白写了《述德兼陈情上哥舒大夫》

诗。虽然李白对哥舒翰没有好感，还曾劝友人“君不能学哥舒横行青海夜带刀，西屠石堡取紫袍”(《答王十二寒夜独酌有怀》)，但如今山河破碎，大唐处于危亡关头，此时大唐的命运就靠哥舒翰镇守潼关来维持了。据《资治通鉴》记载，天宝十五载正月，安禄山派其子安庆绪率军攻打潼关，被哥舒翰击退。可见哥舒翰当时是坚决抗敌的。李白此时赋诗歌颂哥舒翰是“天为国家孕英才，森森矛戟拥灵台。浩荡深谋喷江海，纵横逸气走风雷”，还是基本符合实际的，并没有因成见而否定哥舒翰的作为。李白本想入京城向朝廷进献平定叛乱的策略，但最终还是改变了主意，“有策不敢犯龙鳞”(《猛虎行》)，于是携宗氏夫人上华山暂居，以待时机。

天宝十五载（756）正月，安禄山在洛阳僭位称大燕皇帝，大封叛臣伪官。李白在这时创作的《古风》其十七就是一首游仙体的纪实之作：

> 西上莲花山，迢迢见明星。素手把芙蓉，虚步蹑太清。霓裳曳广带，飘拂升天行。邀我登云台，高揖卫叔卿。恍恍与之去，驾鸿凌紫冥。俯视洛阳川，茫茫走胡兵。流血涂野草，豺狼尽冠缨。

西岳华山是有名的道山。莲花山，即华山。据《太平御览》卷三十九引《华山记》曰：“山顶有池，生千叶莲花，服之羽化，因曰华山。”诗人避乱而来求仙，就是幻想超脱现实，解除困苦，所以一登上山，眼前就幻化出一个缥缈的神仙世界。这首诗的前半部分十句写在华山的游仙情景，虚幻飘忽。诗人登上山，似乎远远地看到明星玉女。“明星玉女者，居华山，服玉浆，白日升天。”（《太平广记》卷五九引《集仙录》）接着四句，犹如展开了一幅仙女飞天长卷：仙女洁白的手中轻拈莲花，凌空飞行，霓虹般美丽的衣裳上拖曳着宽广的长带，轻盈地飘然升天。“邀我”四句，写仙女邀请诗人登上云台峰，与仙人卫叔卿长揖见礼，同游紫冥。据《神仙传》载，卫叔卿是汉代中山人，服云母成仙；他曾乘云车、驾白鹿，从天而降见汉武帝，因武帝不加优礼而失望地离去；后来武帝非常懊悔，派人寻访，见他在华山与人博戏。诗人此处用卫叔卿的典故，既关联华山的神仙故事，又暗喻自己的遭遇。天宝元年的奉诏入京，供奉翰林，终因不肯“摧眉折腰事权贵”，遭谗出京。共同的遭际，使得诗人与卫叔卿结为知己，恍惚之间也随之飞升太空，驾鸿雁遨游仙府，摆脱了世间的一切烦恼，逍遥世外。但诗人毕竟不能忘情人世间，正当诗人飞仙而去的时候，蓦然回首，看到了人间的血腥一幕。诗的末四句转到现实世界，诗人从高空瞥见：茫茫洛阳大地到处是烧杀抢掠的安禄山叛军，人民的鲜血涂满了草野，逆臣贼子却伪立朝廷，封官进爵，衣冠簪缨。字里行间充满沉痛愤怒之情。全诗通过美妙仙境和血腥现实的对照描写，表现出诗人出世和用世思想的矛盾。前十句的游仙正是为了反衬末四句的写实，诗人念念不忘人民遭受涂炭、社稷面临倾覆的现实，反映出诗人对祖国的忠贞和对人民的关切。

此时，北方地区已经基本为安禄山叛军所攻陷。一时间，“洛阳三月飞胡沙，洛阳城中人怨嗟。天津流水波赤血，白骨相撑如乱麻”(《扶风豪士歌》)。这是何等触目惊心的凄惨景象！“旌旗缤纷两河道，战鼓惊山欲倾倒。秦人半作燕地囚，胡马翻衔洛阳草。一输一失关下兵，朝降夕叛幽蓟城。巨鳌未斩海水动，鱼龙奔走安得宁？”(《猛虎行》) 诗人列举“安史之乱”爆发以来的重要历程：河北、河南两道各州县相继沦陷；唐兵一半做了安禄山的俘虏，胡人军马屯驻洛阳；封常清、高仙芝军事上失败（“一输”），玄宗听信谗言，政治上失策（“一失”）；河北一带在颜杲卿的号召带领下，原先沦陷的二十三个郡中有十七个起兵抗击叛军，但颜杲卿兵败后，大部分又再次陷落。因此，好比巨鳌不灭海波就不会平静，水族就得不到安生一样，只要安禄山的叛军未被消灭，天下就仍将动荡不安。身陷敌占区的李白不仅目睹了叛军的暴行，而且忠实记录了大唐历史由盛转衰的这一重要时刻。

天宝十五载（756）暮春，李白携宗氏夫人从华山下来，“我亦东奔向吴国”（《扶风豪士歌》），经商洛大道向南奔逃。当逃到长江边时，眼前展现的是南方渺茫的湖水、青青的芦叶。终于可以喘一口气了！李白想到逃难的前程，既遥远，又迷茫，心中惆怅。他们过江后，先到了宣城、当涂一带，之后经溧阳、安吉至杭州。又回金陵，赴寻阳（今江西省九江市），最后落脚庐山，在屏风叠隐居。这一时期，李白写了许多诗篇，揭露叛军的暴行。眼看国家遭难、生灵涂炭，李白热血沸腾，渴望能参加平叛的实际行动，解救面临灭亡的国家和遭受苦难的中原人民。他苦于报国无门，就发牢骚，“吾非济代人，且隐屏风叠”，“明朝拂衣去，永与海鸥群”（《赠王判官时余归隐居庐山屏风叠》），其实他并非真心避世——“何日清中原？相期廓天步”（《赠溧阳宋少府陟》），平定叛乱，开拓国运，这才是他的真实意愿，耿耿忠心溢于言表。他常常深夜从梦中惊醒，抚剑长啸，抒发雄心：“誓欲斩鲸鲵，澄清洛阳水。”（《赠张相镐二首》其二）但这只是空怀壮志，因为他是“有策不敢犯龙鳞”（《猛虎行》）。报国无路，只能在失望之中隐居山林，这对一向以“安社稷”“济苍生”为己任的李白来说，是多么痛苦的事情啊！

镇守潼关的哥舒翰知道此时安禄山兵强势盛，自己只能坚守，不能出战。但杨国忠唯恐哥舒翰回兵杀向长安，所以屡屡在玄宗面前毁谤哥舒翰。于是，玄宗再三催促哥舒翰出关作战。天宝十五载六月，哥舒翰实在无法违令，大哭一场，拖着病体率兵出战，结果又是全军覆没。哥舒翰被俘投降，潼关失守。

消息传到长安，玄宗急忙召集宰相商议。第二天，玄宗带着杨贵妃和少数宰相大臣、宦官、卫兵，仓皇向成都西逃。玄宗西逃后，长安也落入敌手。当玄宗一行逃到马嵬坡（在今陕西省兴平市西）时，又饥又饿又累的士兵发生哗变，杀了杨国忠，又迫使玄宗逼杨贵妃自缢。玄宗亲自安抚，才平息众怒。这时，关中百姓恳请太子李亨留在北方讨贼，使人民对唐王朝有个指望。玄宗接受了这一要求。对当时“安史之乱”爆发造成玄宗逃亡、叛军肆虐天下的混乱社会背景，李白后来这样写道：“神器难窃弄，天狼窥紫宸。六龙迁白日，四海暗胡尘。”(《赠张相镐二首》其一）概括精确凝练，描写形象生动。

2. 参加永王幕府

玄宗在逃往成都时，采纳宰相房琯的建议，发出诏令，任命太子李亨为天下兵马元帅，领朔方（治所在今宁夏回族自治区灵武市)、河东（治所在今山西省太原市西南)、河北（治所在今河北省大名县)、平卢节度都使（治所在今辽宁省朝阳市)，负责收复两京及黄河流域。任命永王李璘为山南东道（治所在今湖北省襄阳市)、岭南（治所在今广东省广州市)、黔中（治所在今重庆市彭水苗族土家族自治县)、江南西道（治所在今江西省南昌市）节度都使，江陵郡大都督，负责长江流域的防守。实际上，在玄宗下达这个诏令时，太子李亨三天前已在灵武（今灵武市）即皇帝位，是为肃宗，改天宝十五载为至德元载（756)，尊玄宗为太上皇。当时玄宗还不知道这件事。等消息传到成都，玄宗只得承认既成事实，派韦见素、房琯、崔涣等大臣，把传国玉玺送到灵武，正式禅位。

永王李璘是玄宗的第十六个儿子，肃宗的异母兄弟。

李璘接受玄宗诏命之后，于天宝十五载七月到襄阳，九月到江夏。他以平叛为号召，在这一带广招将士，囤积军粮。《旧唐书·李璘传》说他："召募士将数万人，恣情补署，江淮租赋山积于江陵，破用巨亿。"《新唐书·李璘传》还说他："见富且强，遂有窥江左意。"说李璘在这一带招兵买马时就有反叛的意图，这当然是站在肃宗朝廷的立场上说话。实际上，李璘当时是根据玄宗诏命行事的。问题是这时已换了皇帝，玄宗原来的诏令已不适用了。肃宗即位后，担心李璘扩大势力，将来会与他争夺天下，于是命令李璘立即返回成都，去侍从太上皇。可是，李璘刚愎自用，认为自己是按父皇诏令办事，竟不服从肃宗的命令，在至德元载十二月，率领招募来的人马，顺长江东下，来到寻阳。

李白虽然在庐山避乱隐居，但心中一直怀着平叛的壮志。他鼓励外甥郑灌从军时说："破胡必用《龙韬》策，积甲应将熊耳齐。""斩胡血变黄河水，枭首当悬白鹊旗。""丈夫赌命报天子，当斩胡头衣锦回。"（《送外甥郑灌从军三首》）他极力主张消灭叛军，并对胜利充满了信心。正是有这样的思想，所以当李璘得知李白在庐山隐居，先后三次派前秘书省著作郎韦子春上山请李白入幕时，李白心里十分高兴。他当时报国心切，认为永王的征聘，使他能为平叛事业出力，有了施展经世济民才能的机会，所以决心应聘入幕。李白一生的思想，始终是将“安社稷”“济苍生”摆在第一位的，先“功成”，再“身退”。在他看来，如果没有拯救人世的思想，独善其身是没有什么益处的。因此，在《赠韦秘书子春》诗中明确表示：“苟无济代心，独善亦何益。”同时强调自己“终与安社稷，功成去五湖”。等国家安定以后，他就归隐江湖，决不贪图荣华富贵。这是李白一生坚持的功成身退的理想。当时，宗氏夫人是反对李白应召的，她不愿意让李白参与政治冒险。李白虽然决心很大，但别妻赴征的心情还是复杂的。《别内赴征三首》正是当时心情的真实流露：

其一

王命三征去未还，明朝离别出吴关。白玉高楼看不见，相思须上望夫台。

其二

出门妻子强牵衣，问我西行几日归？归时傥佩黄金印，莫见苏秦不下机。

其三

翡翠为楼金作梯，谁人独宿倚门啼？夜坐寒灯连晓月，行行泪尽楚关西。

第一首前二句写永王征召之切，以及诗人赴征之急。后二句借民间“望夫台”传说，抒写夫妇的离别之情。第二首前二句描写妻子牵衣难舍的惜别情状，后二句用了战国时纵横家苏秦的典故。苏秦起初去游说秦王，秦王不用他，结果落魄归家时，妻子坐在织机边不理他，嫂嫂不给他烧饭，父母也不跟他说话。后来苏秦又游说六国诸侯，六国都拜他为相。当他佩着六国相印回家时，妻嫂都不敢仰视他了。李白在这首诗里反用其意，意思是说：归来时如果我佩带了黄金之印，你不要见我是追逐名利之人而不理睬我。这虽然是李白与宗氏夫人的戏谑语，但也暗示了宗氏夫人淡泊功名富贵的品格。这一新颖用法是李白的创举。第三首前三句想象妻子独守玉楼的悲凉，以及寒夜孤灯、相思达旦的孤寂。第四句转到诗人自身，写他一路上因思念妻子而不停地伤心流泪。由此使两地相思之情更深了一层。

李白参加永王幕府是自愿的。他的目的很清楚：“誓欲清幽燕”，“不惜微躯捐”(《在水军宴赠幕府诸侍御》)，最终当然还是要功成身退的，“所冀旄头灭，功成追鲁连”。李白就是怀着为国效力的志向，不听宗氏夫人的劝阻，自愿应聘入幕的。前人根据李白的《与贾少公书》《为宋中丞自荐表》《赠韦太守良宰》诗，说李白是被胁迫而参加永王幕府的。其实，上述诗文都是在永王兵败被杀后，李白为自己作的辩解，并不可信。

李白参加永王幕府后，心情振奋，一心报效祖国。在一次水军举行的宴会上，他向同僚们说：希望能与大家齐心协力，出谋划策，平定叛乱。他还热情洋溢地写了十一首《永王东巡歌》，歌颂永王是“贤王”，认为在当时“诸侯不救河南地”(其五)的情况下，永王能率师平叛，是很了不起的。他在诗中预祝：“南风一扫胡尘静，西入长安到日边。”(其十一)并以东晋时挽救朝廷危机的大臣谢安自比，表示要辅佐永王，在平叛中作出巨大贡献：“试借君王玉马鞭，指麾戎虏坐琼筵。”(其十一)“但用东山谢安石，为君谈笑静胡沙。”(其二)诗人奇想玉马鞭一挥，叛军纷纷弃甲兵而乞降，于是在琼宴之上，谈笑之间，化干戈为玉帛。把军中运筹决策之事看得轻松平常，血流成河的残酷战争就像一场游戏，如此的诗意化，正是诗人富于幻想个性的自然流露。但是，李白对平定叛乱真的是充满了必胜的信心。

可是，仅仅几天之中，李白的理想和希望就完全破灭了。当时，永王不听肃宗的命令，擅自率军东下金陵，使肃宗大为恼怒。肃宗立即派遣宦官啖廷瑶等赶到扬州，与广陵采访使李成式、吴郡（今江苏省苏州市）采访使李希言等联络，部署兵力。又调动高适、韦陟和来瑱的军队，在安陆誓师待命，准备一举消灭永王。至德二载（757）二月上旬，当永王的军队抵达当涂时，李希言用对等的文书，直呼其名，质问永王东下的用意。永王被这无理举动激怒了，立即派浑惟明去攻打李希言，派季广琛去袭击李成式。永王在恼怒中一举攻占了丹阳郡（今江苏省镇江市）。肃宗便以永王图谋割据、反叛朝廷的罪名，派兵镇压。于是，肃宗和永王为争夺权力进行了一场内战。当时，永王部下多数将领是为抗击安禄山而来的，决不愿意参加内战。据《新唐书·李璘传》记载，当时李璘手下最有威望的大将季广琛对诸将说："我们跟从永王，难道是想反叛朝廷吗？绝不是。只因为太上皇到了成都，道路不通，而留下的诸王又没有比永王更贤能的。如果能率领江淮一带的精锐部队，长驱长安、洛阳，平叛就可成功。现在却不是这样，永王成了朝廷的反叛者，使我们也有了跟从叛逆的罪名，后世将会怎样评论我们呢？”季广琛的这一番话，代表了永王部下多数将领的想法，于是将领们纷纷脱离永王而去。永王的军队很快就崩溃了，永王自己也在溃逃中，被江西采访使皇甫侁所擒获而被杀。

3. 蒙冤入狱

李白从丹阳郡前线向西南逃奔，途中写了《南奔书怀》，表明自己参加永王幕府的心迹：“过江誓流水，志在清中原。”而对自己报国建功的理想再次破灭感到悲愤：“拔剑击前柱，悲歌难重论。”当他逃到彭泽（今江西省彭泽县）时，终于被捕，关进寻阳监狱。年近花甲的诗人，在狱中百感交集。他的脑海里不时浮现出叛军侵犯中原的可怕惨烈场面：安禄山一伙叛军，犹如海水泛滥，鲸鲵凶猛食人。叛乱从古代的燕、齐之地爆发，迅速向四周蔓延。显赫一时的玄宗，本来像由六龙驾车的太阳神一样，是何等威风，此时却只能仓皇向西逃奔。国家被战争分割得七零八落，人民在战火中凄苦哀怨。李白想到自己忠心报国而投军，却最终获罪成了一名囚犯，不禁呼天痛哭。

身处此境，怀念起父母就更感凄苦而掩面饮泣，甚至眼泪流尽而继之以血，滴在地上渗入土地中。虽然已经是百花齐放的春天了，但在监狱中却连小草也见不到一棵，使诗人沉浸在怨恨中难以自拔。在狱中，诗人还思念着亲人：自己现在身陷寻阳的监狱，而他的弟弟此时正在三峡。他们兄弟离散，又不能像飞仙那样化生羽翼而相聚；儿子伯禽寄居东鲁，而宗氏夫人住在豫章（今江西省南昌市）。一家骨肉四处飘散，遇到灾难时不能互相照顾。他总结了自己的坎坷经历，认识到当今统治者颠倒是非，对那些平庸之辈百般宠爱，听任他们窃据高位；而对于真正有才能的人，则百般打击排挤，使他们得不到施展才能的机会。这就好比种植低劣的榛树而拔除名贵的桂树，囚禁高尚的鸾凤而宠爱平常的山鸡一样。他想起《庄子·天地》中的一则故事：尧治理天下时，伯成子高被立为诸侯。尧让位给舜，舜让位给禹，子高便辞去诸侯之位回家去种地了。禹于是去见子高，子高正好在田野耕种。禹遵守礼仪，走近他的下方，立着身问他辞位务农的原因。子高说："从前尧治理天下时，不必行赏而人民却能自勉而向善，不必刑罚而人民却能畏恶而不为。现在您行使赏罚而人民况且还不仁爱，因此，德行从此衰落，刑罚从此建立，后世的祸乱也就从此开始了。”李白不禁感慨地想：世风日衰，我该到何处栖身呢？喜爱我的人，对我的不幸遭际表示怜恤；憎恶我的人，怎么能忍心在我临危之时做出落井下石的行为！遥想春秋时伍子胥虽然为吴国屡建功勋，死后却还是被吴王将尸体装在皮袋子里抛入江中；西汉初的彭越是刘邦夺取天下的开国元勋，并被封为梁王，但最终还是被刘邦所杀，并被残忍地剁成肉泥。自古以来，为什么有那么多的英雄豪杰落得可悲的下场？他激奋地大声呼喊：苍天啊，你高高在上，俯瞰人间。如果能听到处在卑下地位的人的呼声，就请将我从这牢狱中解救出去；如果能辨识美玉，就请魏郎中收下我这清白的瑞玉吧！李白在万般悲愤的感情驱使下，写成了一篇血泪交迸的《万愤词投魏郎中》诗：

海水渤潏，人罹鲸鲵。蓊胡沙而四塞，始滔天于燕齐。何六龙之浩荡，迁白日于秦西。九土星分，嗷嗷凄凄。南冠君子，呼天而啼。恋高堂而掩泣，泪血地而成泥。狱户春而不草，独幽怨而沉迷。

兄九江兮弟三峡，悲羽化之难齐。穆陵关北愁爱子，豫章天南隔老妻。一门骨肉散百草，遇难不复相提携。树榛拔桂，囚鸾宠鸡。舜昔授禹，伯成耕犁。德自此衰，吾将安栖？好我者恤我，不好我者何忍临危而相挤！子胥鸱夷，彭越醢醢。自古豪烈，胡为此緊？苍苍之天，高乎视低。如其听卑，脱我牢狴。傥辨美玉，君收白珪。

诗中不仅表达了诗人当时万愤交集的心情，对自己无辜被囚提出了强烈的控诉，而且对统治者的良莠不辨，给予了揭露批判。最后，请求魏郎中解救自己。

当时，李白写了许多诗投寄亲友。宗氏夫人得知消息后，急忙从豫章赶到寻阳狱中。夫妻相见，抱头痛哭。宗氏夫人是个坚强的女性，她四处奔走，设法营救李白出狱。李白在《在寻阳非所寄内》诗中写道："闻难知恸哭，行啼入府中。多君同蔡琰，流泪请曹公。知登吴章岭，昔与死无分。崎岖行石道，外折入青云。相见若悲叹，哀声那可闻？"李白以蔡琰向曹操恳求救丈夫的典故，比作宗氏夫人奔走哭泣向官府求救自己，用典贴切，十分感人。诗中还想象宗氏夫人攀登险峻的吴章岭、行进崎岖山间的艰难危险状况。最后两句假想夫妇相见时，倘若宗氏夫人悲声叹息，那哀切之声又怎能忍心听得下去？其实，诗人对相见时的假想情景，一想便知是“必然”会出现的。但诗人用一“若”字，使其成为“或然”。由此，诗人对宗氏夫人的感激和愧疚之情表达得也就更加深切了。

这年秋天，御史中丞宋若思来江南当宣城太守，并率领兵马赴河南作战，途经寻阳。李白和宋若思的父亲宋之悌是好友，开元年间宋之悌流放朱鸢时，李白曾有《江夏别宋之悌》诗送行。由于有这层关系，而且宋若思也了解到，李白入永王幕确是一心报国。于是，宋若思与江南宣慰使崔涣一起，为李白的罪责开脱。李白这才得到了释放。

出狱后，宋若思邀请李白参加幕府，并向朝廷表荐李白，说李白“怀经济之才，抗巢、由之节。文可以变风俗，学可以究天人。一命不沾，四海称屈”，请求肃宗朝廷给他“拜一京官，献可替否，以光朝列”(《为宋中丞自荐表》)。而表章则是由李白自己写的，可见他们之间的关系非同寻常。李白在宋若思幕中，精神十分振奋，仍然怀抱“安社稷”“济苍生”的政治抱负，态度十分坚决地表示，要为平定叛乱出力：“扫妖孽于幽燕，斩鲸鲵于河洛。”(《为宋中丞祭九江文》)“戎虏行当剪，鲸鲵立可诛。”(《中丞宋公以吴兵三千赴河南军次寻阳脱余之囚参谋幕府因赠之》)

4. 长流夜郎

可是，李白参加永王幕府的事，并没有了结。据说朝廷讨论处理李白之事时，“世人皆欲杀”（杜甫《不见》）。李白这时候逃难卧病在宿松山（在今安徽省宿松县）。虽然有不少人营救，但肃宗还是下诏判李白流放夜郎（即夜郎郡，治所夜郎县在今贵州省正安县西北）。

至德二载十二月，一个阴风怒号、大雪纷飞的日子，李白离开温暖的家庭，从长风沙（在今安徽省安庆市长江边）踏上了流放的征途。李白经过江州（今江西省九江市）时，宗氏夫人悲痛欲绝，和弟弟宗璟一起，一直把李白送到江边才分手。李白感激宗璟的远送，写了一首《窜夜郎于乌江留别宗十六璟》诗。但最使李白难过的，还是与妻子宗氏的分离。他感到很对不起她。妻子对他就像东汉时孟光对梁鸿那样，举案齐眉，无限敬爱。而自己这些年浪迹四方，虽然诗名很大，但在政治上并没有得到施展抱负的机会，反而让妻子终日为自己的安危担惊受怕。李白不禁想起古乐府《箜篌引》里的一位白首狂夫，因不听妻子的劝阻，披发提壶，乱流而渡，结果堕水而死。他的妻子悲伤不已，拿起箜篌而奏之，作《公无渡河》之歌。

李白觉得自己的经历很像这白首狂夫，也是因为不听妻子的劝告，才落得被流放的下场。他在极其悲痛的心情下，以极富幻想的手法写了一首《公无渡河》：

黄河西来决昆仑，咆哮万里触龙门。

波滔天，尧咨嗟。大禹理百川，儿啼不窥家。杀湍堙洪水，九州始蚕麻。其害乃去，茫然风沙。

被发之叟狂而痴，清晨径流欲奚为？旁人不惜妻止之，公无渡河苦渡之。虎可搏，河难凭。公果溺死流海湄。有长鲸白齿若雪山，公乎公乎挂罥于其间，箜篌所悲竟不还。

全诗分成两部分。前半部分以极其精炼的语言概括上古神话"大禹治水"的起因、过程和结果。开篇"黄河"二句，就以突兀之语惊呼：黄河以不可阻挡的力量和气势，从横亘天地的昆仑山喷薄而出，万里奔腾怒号着撞向龙门。"波滔天，尧咨嗟"，用两个短句来加快节奏，以表示情况紧急：漫天巨浪，吞噬万物生灵。帝尧对此万般无奈，只有声声叹息。"大禹"四句概括大禹治水的过程和结果。相传大禹治水历时十三年，三次路过家门而不入。

他采用疏导的方法，减少湍流洪水，终于消除了水患。全国各地才得以恢复生产，人民才得以回归安定生活。“其害”二句，谓水患虽除，却在两岸留下了风沙之害。这一部分是写从洪荒时代河害危急，到滔天洪水被平治的历程。显然，诗人以黄河奔腾冲撞比喻安禄山叛乱，以“昆仑”“龙门”喻大唐江山。以尧比拟玄宗，以大禹比拟玄宗之孙、肃宗之子——天下兵马大元帅广平王李俶。当安禄山叛乱之初，气势犹如“波滔天”，而唐王朝面临倾覆的危机，玄宗只能叹息西逃。“大禹”以下六句喻唐朝军民抗击叛军。至德二载十月，李俶率主力军收复两京。但整个平叛战争并未结束。后半部分诗人以“被发之叟”自喻，既狂妄，又痴呆。当永王李璘三次派人请自己出山时，他就像那个“被发之叟”大清早一意孤行要直接渡河一样，究竟是为什么呢？别人没有怜惜他的，只是旁观看热闹，“出门妻子强牵衣”，唯有妻子再三劝阻：“公无渡河。”可是自己偏偏不听，“苦渡之”，终于加入了永王李璘幕府。古人有言：空手可以与猛虎搏斗，却不可以不借助器具渡河。结果，“被发之叟”果然被溺死，尸体漂流到海边，被长鲸用那雪山一样的白齿所啮噬。“长鲸白齿”喻当时恶毒凶狠的谗言，即杜甫所谓“世人皆欲杀”。“挂罥于其间”“溺死流海湄”，喻流放夜郎。李白悔恨当初不听宗氏夫人的话，如今痛悔莫及。就像那个“被发之叟”故事那样，妻子弹着箜篌唱着凄怆的歌，而她的丈夫却再也回不来了。李白把这首凝聚着痛悔血泪的诗，送给宗氏夫人作别，凄然欲绝。在流放途中，他还写过一首《南流夜郎寄内》，表达了对宗氏夫人的深切思念：“夜郎天外怨离居，明月楼中音信疏。北雁春归看欲尽，南来不得豫章书。”

李白虽然是作为罪犯流放夜郎的，但由于他的诗名很大，一路上仍然受到一些地方官吏的热情招待。他的朋友宰相张镐，还托人送来两件绸衣，并寄诗安慰他。李白也写了一些诗赠送给他，但他的激情这时已被消沉、哀愁所代替了：“一生欲报主，百代期荣亲。其事竟不就，哀哉难重陈！”（《赠张相镐二首》其一）残酷的现实，把一代诗豪折磨得已是两鬓霜雪了。此时李白唯一的愿望，就是能得到朝廷的宽赦，活着回来与家人团聚：“我愁远谪夜郎去，何日金鸡放赦回？”（《流夜郎赠辛判官》）途中，偶然看到葵叶而触景生情，他写道：“惭君能卫足，叹我远移根。白日如分照，还归守故园。”（《流夜郎题葵叶》）葵叶尚且能够全力以其叶子保护自己的根，可叹自己却不能自全而被移根远迁。正是人不如草！同时再次表达了企盼君王赐恩，使自己能获赦还家园。自怨自艾之情读来令人鼻酸。乾元元年（758）二月，肃宗赦免了一批罪犯，但李白不在其列。李白想起西汉时的才子贾谊，他曾为太中大夫，虽然满腹经纶，却遭权臣排挤，贬长沙王太傅，三年不见召回，但后来终于受到汉文帝的赏识。诗人以贾谊自比，对自己在大赦的日子里得不到赦免，感到愤懑不平："独弃长沙国，三年未许回。何时入宣室，更问洛阳才？"(《放后遇恩不沾》) 李白不知，他的遭际要比贾谊更惨：贾谊是被贬之官，当然有被召回朝廷之可能；而他是流放之徒，是绝无这样的可能的。

流放的道路是多么漫长啊！当他逆流而上过三峡的时候，舟行特别缓慢。行至西陵峡的黄牛山时，由于山势甚高，而江流又曲折迂回，以致舟行多日后还能看见黄牛山，所以古谣谚有"朝发黄牛，暮宿黄牛。三朝三暮，黄牛如故"之说。舟行艰难，加上心境愁苦，李白的思想更加消沉了：

巫山夹青天，巴水流若兹。巴水忽可尽，青天无到时。三朝上黄牛，三暮行太迟。三朝又三暮，不觉鬓成丝。

——《上三峡》

这首诗首二句用夸张的手法描绘巫山高耸云天、长江急流滚滚的壮丽景色。接着二句由景入情，发出深层感叹：长江水是很快可以渡过走尽的，但青天却没有到达的时候。李白诗中常写“青天”，有时仅指天空，如《把酒问月》“青天有月来几时”等；有时则暗喻人生道路的宽广光明，如《行路难》其二“大道如青天”等。此处显然寓有壮志未酬却遭流放的人生感慨。融情于景，密合无间。后四句由古谣谚脱胎而来，但古谣谚只是说舟行的缓慢，而此诗除了这层意思外，还加上了“不觉鬓成丝”，旅途的艰苦和心中的忧愁在不知不觉中竟然使头发都已变白。把客观叙事和主观抒情巧妙结合，含蓄委婉地反映出诗人当时愁苦、焦虑的心情。实际上这也是对三、四两句的进一步阐发。舟行经过巫山时，山谷中积满了厚厚的白雪，凄厉的江风穿过密林，送来阵阵凄凉的猿啼声。黄昏，松林越来越昏暗，一轮明月冉冉升起，高挂在天上。心境悲苦的李白，更增添一层凄惨之感。

5. 遇赦

天无绝人之路，好消息终于来了！乾元二年（759）三月，肃宗因关中大旱，颁布赦令：凡天下现在监禁的囚犯，死罪的改为流放，流放罪以下的都释放（《唐大诏令集》）。行至夔州白帝城（在今重庆市奉节县境内）的李白，终于获得了赦免。十五个月的流放生涯，终于结束。李白欣喜若狂，立即调转船头，扬起帆蓬顺流而下，很快就回到了江陵。李白掩饰不住内心的喜悦，写下了一首著名的七绝《早发白帝城》：

> 朝辞白帝彩云间，千里江陵一日还。两岸猿声啼不尽，轻舟已过万重山。

诗的首句描绘白帝城晨景，点明时间、地点。“彩云间”三字，既渲染晨霞漫天、美丽如锦之景色，照应“朝辞”，又暗写白帝城地势之高峻，为下面轻舟飞驰三峡埋下伏笔，更从中透露出诗人在喜悦心情下，满目都是绚丽的景象。次句以“千里”与“一日”作时空对照，烘托出轻舟顺流而下疾奔如飞之气势，洋溢着欢腾的情绪。一个“还”字，隐喻着摆脱前时“三朝上黄牛，三暮行太迟”的流放之苦、今日获赦急切东归的难以遏制的欢快喜悦之情。如果说首二句是勾勒一幅千里江行的速写，呈现的是飞奔的速度之美，那么三、四两句则是对第二句的具体描写。清人桂馥认为“妙在第三句，能使通首精神飞越”(《札朴》卷六)，的确是很有见地的。诗人突出了千里江行中的最强印象——两岸连续不绝的猿啼声，借助听觉来反映人在飞舟中的时空感受，衬托下三峡之飞疾。猿不是仅有一只，猿声自然也不是来自于一只的“啼不住”，但是舟行的速度迅捷，使众多的猿声在听觉中得以连续不绝，形成浑然一片之势。于是，使三峡江流之急、舟行之速的景象历历如在目前。末句“轻舟”的灵动与“万重山”的凝重形成对照，写小舟穿越群山时的轻快，再次烘托出诗人内心的欢畅。《水经注》卷三十四“江水”：“自三峡七百里中，两岸连山，略无阙处。重岩叠嶂，隐天蔽日，自非停午夜分，不见曦月。至于夏水襄陵，沿溯阻绝，或王命急宣，有时朝发白帝，暮到江陵，其间千二百里，虽乘奔御风，不以疾也。……每至晴初霜旦，林寒涧肃，常有高猿长啸，属引凄异。空谷传响，哀转久绝。故渔者歌曰：‘巴东三峡巫峡长，猿鸣三声泪沾裳。’”诗中巧妙地暗用了《水经注》中的这段文字，不仅未露痕迹，而且更为生动传神，可见诗人善于熔铸前人成语。全诗笔调轻快，色彩鲜明，语言通俗流畅，音韵朗朗上口，因此一千多年来一直传诵不绝。

第十一章　大鹏折翅，壮心不已

1. 报国无门

李白流放遇赦后，回到江夏逗留了几个月时间。当时，他的好友韦良宰正在那里任鄂州刺史。李白这时写的《经乱离后天恩流夜郎忆旧游书怀赠江夏韦太守良宰》，是他现存诗篇中最长的一首。诗中详细地叙述了他从天宝三载“赐金还山”，一直到流放回来的生活经历。这时，平叛战争还在继续。安禄山已在至德二载正月被他儿子安庆绪杀死，安庆绪即伪位。这年十月，朝廷收复了长安、洛阳，肃宗、玄宗相继回到了长安。乾元二年三月，安禄山部将史思明又杀安庆绪，四月，自称大燕皇帝，改范阳（幽州）为燕京。这时，不但黄河以北大片土地在史思明手中，而且叛军还不断南侵，形势很严峻。李白虽已年近花甲，但壮心不已，仍然渴望为平叛事业献计献策。此时韦良宰任期已满，将赴京师，李白期盼他能向朝廷举荐自己。

李白在经历了入狱、流放的重大打击后，仍未放弃自己的政治理想。在李白看来，朝廷既然已经赦免了自己，当然还可重新起用，使他得以洗刷前非，重见天日。君主是不会抛弃像他这样有才能的人的，"今圣朝已赦季布，当征贾生"（《江夏送倩公归汉东序》），"圣主还听《子虚赋》，相如却欲论文章"（《自汉阳病酒归寄王明府》）。因此，他在江夏一方面等待朝廷的征召，另一方面又去干谒了一些官员，希望能得到汲引。但一连等了数月，丝毫也没有朝廷征召的迹象。他完全失望了。于是，用痛饮狂歌来排解内心的苦闷。他和好友韦冰经常在一起唱和，甚至在绝望情绪中发出要砸碎这个不合理世界的呼声："我且为君捶碎黄鹤楼，君亦为吾倒却鹦鹉洲。"（《江夏赠韦南陵冰》）李白那复燃起来的济世思想的火焰，再次被扑灭。他的思想也因此起了很大变化，在自制题目的歌行体诗《江上吟》中，记录了这一思想变化：

木兰之枻沙棠舟，玉箫金管坐两头。美酒樽中置千斛，载妓随波任去留。仙人有待乘黄鹤，海客无心随白鸥。屈平词赋悬日月，楚王台榭空山丘。兴酣落笔摇五岳，诗成啸傲凌沧洲。功名富贵若长在，汉水亦应西北流。

这首诗的前四句写游江，色彩华丽。木兰、沙棠都是名贵的木材，木兰制作之舵、沙棠制作之舟，是极言这些物品的精贵华美。船的两头安排了音乐班子，乐器是“玉箫金管”，同样非常华贵精美。舟中有万斗美酒可尽诗酒之兴，有美貌歌妓可享声色之娱。随波任意去留，极尽感官的欢愉。如此游江，真可谓酣畅恣肆。然而，诗人以为这不过是及时行乐的行为罢了。中间四句是两联对句。“仙人”一联承上，以“仙人”与“海客”对比，认为神仙仍是有所待的，没有黄鹤就上不了天。唐代的黄鹤楼在今湖北武昌西黄鹤矶上。传说仙人王子安（一说费文祎）乘黄鹤过此，故名。由此暗示出诗人对求仙的不甚认真。而海客没有机诈之心，就能与白鸥相随，物我为一，岂不比神仙更快活？“海客”的典故出自《列子·黄帝》。由此反映出诗人对自由的向往。“屈平”一联启下，扣住题中“吟”

字，强调文学乃不朽之盛事。以屈原与楚王的两种人生进行对比：屈原尽忠爱国，反被放逐，但他的辞赋可与日月争光，千古不朽；而楚王穷奢极欲，建造宫楼台榭，如今早就荡然无存，空见荒凉山丘。足见权势之不能长久。末四句紧接“屈平”一联意思。“兴酣”二句承“屈平”句发挥，描述自己作诗的得意情状，活画出诗人傲岸不羁的神态。诗兴上来时，落笔挥洒，能够动摇震撼五岳，可见笔力何等雄健；诗成之后，纵情高吟，足以傲视沧洲的隐士，又是何等气概！最后二句承“楚王”句发挥，说功名富贵如果能长在，那滔滔不绝向东流去的汉水，恐怕也会改变流向——向西北倒流了。不仅从反面否定功名富贵的长在，还用了一个永无可能的事件作为假设来衬托，使得否定的力量更强，并带有嘲讽的意味。全诗气势豪放，感情充沛激昂。看似率意而起，矫然而止，实际上结构绵密，可谓独具匠心。

这时的李白心目中，只有诗歌创作才是不朽的。在这种思想认识下，李白发现韦冰十一岁的儿子韦渠牟，很有写诗才能，就将自己写旧题乐府诗的技巧传授给他。

乾元二年秋天，李白应友人裴隐的邀请，来到洞庭湖游览。此时贾至刚由汝州刺史被贬为岳州司马，旧友重逢，又喜又悲。李白对他的遭际很同情，写了一首《巴陵赠贾舍人》：

贾生西望忆京华，湘浦南迁莫怨嗟。圣主恩深汉文帝，怜君不遣到长沙。

巴陵，即岳州，州治在巴陵县（今湖南省岳阳市）。贾至在天宝末年曾任中书舍人，此时虽已外贬，但按唐人习惯，仍然称其以往在朝廷的官职，所以称他为“贾舍人”。这首诗的首句写贾至由京城外任继而被贬官之后，仍然眷恋长安的伤感之情。次句点明贬谪之地，并由叙事转而作宽慰。诗人用双关笔法，将汉代贾谊与自己好友贾至类比，“贾生”兼指贾谊和贾至；“湘浦”亦指代贾谊贬地长沙和贾至贬地岳州。这一双关手法在三、四两句中更明显。承上“莫怨嗟”，诗人进一步宽慰友人：当今圣明君主对你的恩德比汉文帝对贾谊的恩德深得多了，他爱怜你，所以没有将你贬谪到更远的长沙去。这首诗的妙处就在于对挚友的同情是用含蓄手法表现出来的，表面看似在庆幸友人的待遇比贾谊更好，实际上却是说贾至的遭遇就是贾谊无辜遭放遣的历史的重演，显示贾至与当年贾谊一样，受到不公正的待遇。岳州与长沙，距长安都很远，岳州只近了三百余里，以此宽慰，只是“五十步笑百步”，实在是曲为之词，是为友人鸣不平，讥刺肃宗的寡恩恰如汉文帝对贾谊的疏远。全诗婉而多讽，含蓄不露，在李白诗中是较为少见的。

这时刑部侍郎李晔也贬官岭南，与李白和贾至会面，同游洞庭湖。李白在《陪族叔刑部侍郎晔及中书贾舍人至游洞庭五首》这组诗中记录了当时的游湖境况和心情。由于三人同样遭受挫折，心情都十分抑郁，“记得长安还欲笑，不知何处是西天”（其三）。三人回忆当年在长安的欢笑，如今“还欲笑”却不得，这“还欲笑”三字饱含了苦涩和辛酸。“西天”即指长安。李白遇赦后一直等待朝廷任用，但朝廷早就把他丢弃了。同样被朝廷丢弃的，当然还包括眼前遭贬谪的二位友人。诗人用“不知”二字沉痛展示了内心的迷茫和失落，写尽了心中的哀恻。他们为了排遣心头的苦闷，就纵情游览，狂饮豪歌，“且就洞庭赊月色，将船买酒白云边”（其二），一吐心中的不满和愤恨。洞庭湖中的君山美丽如画，“淡扫明湖开玉镜，丹青画出是君山”（其五），但此时在诗人的眼里却是阻拦湘水自由流动的障碍，就像自己人生道路上的坎坷，就像朝廷里那些压抑人才的权贵。于是，他“醉后发清狂”，大声疾呼“划却君山好，平铺湘水流”(《陪侍郎叔游洞庭醉后三首》其三)。诗人借此宣泄心中的愤懑。他要铲除世间的不平，让有识之士有条平坦道路可走。唯有如此，有才能和抱负之士“安社稷”“济苍生”的理想才可以得到实现。

2. 庐山谣

李白在游览岳州洞庭湖又南下苍梧拜谒舜帝陵墓后，乾元三年（760）初春，回到江夏，然后东下寻阳，一生中最后一次游览了庐山。此时，他对唐王朝的幻想已经彻底破灭，决心要离开昏暗的尘寰，回到他一生酷爱的大自然的怀抱里去。《庐山谣寄卢侍御虚舟》诗就是他当时弃世思想的产物：

我本楚狂人，凤歌笑孔丘。手持绿玉杖，朝别黄鹤楼。五岳寻仙不辞远，一生好入名山游。

庐山秀出南斗傍，屏风九叠云锦张，影落明湖青黛光。金阙前开二峰长，银河倒挂三石梁。香炉瀑布遥相望，回崖沓嶂凌苍苍。翠影红霞映朝日，鸟飞不到吴天长。登高壮观天地间，大江茫茫去不还。黄云万里动风色，白波九道流雪山。

好为庐山谣，兴因庐山发。闲窥石镜清我心，谢公行处苍苔没。早服还丹无世情，琴心三叠道初成。遥见仙人彩云里，手把芙蓉朝玉京。先期汗漫九垓上，愿接卢敖游太清。

谣，是不用乐器伴奏的歌唱，与歌行体的“歌”“吟”相同。诗题中的“卢侍御虚舟”，即殿中侍御史卢虚舟，是诗人的好友，曾写《通塘曲》夸赞庐山之美；诗人写有《和卢侍御通塘曲》，又以这首歌唱庐山的诗篇寄给他。这首诗第一段六句是诗人的自我写照，可称为序曲。首二句用典故，据《论语·微子》《庄子·人间世》及皇甫谧《高士传》卷上记载：陆通，字接舆，春秋时楚国人，时人谓之楚狂。孔子到楚国，接舆唱着歌过孔子之门：“凤兮凤兮，何德之衰！往者不可谏，来者犹可追。已而已而，今之从政者殆而。”劝孔子不要从政，以免惹祸。这里，李白以接舆自况，以讽喻孔子奔波从政来反衬自己看透朝廷政治的朽败，只想隐居避世。接着描述自己带有云游色彩的行旅，点明来历。“一生好入名山游”，既是诗人来庐山的因由，也是对自己一生爱好和行踪的形象概括。第二段正面描绘庐山之景，即题中的“庐山谣”。首先三句写从鄱阳湖中遥望庐山之景，对庐山作总体概括。接着便选择庐山最令人赞叹的瀑布进行细致描绘，将金阙岩、三石梁、香炉峰三处不同形态的瀑布都写得逼肖传神。然后又用浓重色彩总绘全景：朝阳初升，漫天红霞和翠绿山影互相照映，山色何等绚丽！蓝天之上飞鸟翱翔，却难以到达山峰，山势何等高峻！又写登高远眺所见景色，笔酣墨饱地写足长江雄伟气势和祖国壮美河山，抒发了诗人的豪情。第三段抒写由江山美景“兴”起的游仙之情。先用两个短句承上启下，接着说悠闲地窥照石镜，顿觉神清气爽，当年谢灵运行走之处，如今已被苍苔淹没。诗人由此感到人生短暂，世情烦嚣，于是想摆脱世俗成仙。“还丹”和“琴心三叠”都是道教术语。还丹，相传道教炼丹，使丹砂烧成水银，积久又还成丹砂，因此称为“还丹”。道教认为服用还丹可以成仙，长生不老。琴心三叠，气功修炼法，指修炼内丹以达到心神宁静的初成境界。诗人仿佛远远望见仙人站在彩云里，手里拿着芙蓉花飞往玉京朝拜元始天尊。末二句用《淮南子·道应训》典故，讲的是卢敖游于北海，遇见一位形貌古怪的士人。卢敖邀请他同游北阴之地，士人笑道：

“吾与汗漫期于九垓之外，吾不可以久驻。”随即纵身跳入云中。诗人在这里反用典故，自比古怪士人，以卢敖喻卢虚舟，说自己事先已经与大神仙约定，愿意迎接卢虚舟共游最高神境。首段自述和末端游仙，虽写法不同，但都表现出对官场的鄙视和对自由的向往。全诗结构完整，首尾呼应；感情豪迈，气势充沛；想象丰富，色彩鲜明。不愧是李白晚年七言歌行代表作之一。

这年暮春，李白游览鄱阳湖后前往豫章，途中在余干与被贬南巴的诗人刘长卿相会。两人感慨万分，临别时刘长卿写诗赠李白说：“谁怜此别悲欢异，万里青山送逐臣。”（刘长卿《将赴南巴至余干别李十二》）认为李白遇赦是“欢”，而自己贬窜南巴是“悲”。其实，这时李白心中隐藏着无限悲忧，遇赦的“欢”，在他心头已留下不多了。

李白与刘长卿分别后，回到豫章与妻子宗氏团聚。当时安史之乱虽然已经进入后期，但叛军还没有完全平定，战争仍在继续。当时由于叛军占领了鲁阳关（约在今河南省鲁山县西南），朝廷决定在南方征兵北讨。李白在豫章亲眼见到人民应征入伍、奔赴前线的场面：母亲们悲泣着与将要奔赴前线的儿子依依惜别，哭声大振，响彻旷野，充满了悲壮气氛。李白把自己的所见写成《豫章行》一诗，对这种由战争造成的母子分别、不知何日才能相聚的遭遇，深表同情。不过，他还是鼓励这些生长在太平岁月里、不会打仗的新兵，在战场上要不惜生命，勇敢杀敌。

在这期间，李白又来往于宣城、南陵一带，与下层人民也有了更多的交往。宣城有一位善于酿酒的老人姓纪，李白常到他那里买酒喝。后来，这位老人去世了，李白哭得很伤心，还特地写了一首《哭宣城善酿纪叟》诗，表示哀悼。这时，李白对劳动人民的苦难生活和淳朴善良的品质，有了更深的认识和体会。有一次，他路过南陵五松山（在今安徽省铜陵市东），暮色降临，他只得到山下的农家借宿。接待他的是一个姓荀的老妇人，她虽然生活很清苦，但还是用雕胡饭热情地招待李白。李白深受感动，端起饭来又放下，迟迟不能下筷。他写了《宿五松山下荀媪家》诗，记叙当时的动人情景：

我宿五松下，寂寥无所欢。田家秋作苦，邻女夜舂寒。跪进凋菰饭，月光明素盘。令人惭漂母，三谢不能餐。

雕胡，即菰米。菰，即食用的蔬菜“茭白”。这首诗的首二句写诗人在偏僻山村里的寂寞无聊，没有可以让人愉快的事情。三、四句描写了农民的艰辛和困苦。“秋作苦”的“苦”，不仅指劳动的辛苦，也是指心中的悲苦。秋收对农民来说本来应该是欢乐的，但在繁重赋税压迫下却是凄惨的。写邻家妇女的舂米用一“寒”字，不仅形容舂米声的悲凉，也是推想舂女身上的寒冷。五、六句写主人荀媪特地烧了美味的雕胡饭，恭敬地款待诗人。在月光照射下，她手中捧着的饭盘显得格外洁白耀眼。最后二句写诗人的感激之情：在这个生活艰辛的山村里，主人如此盛情款待，使诗人感到惭愧，只能再三表示发自内心的谢意。全诗风格淳朴自然，与诗人多数诗篇的豪放飘逸不同，反映出诗人对山村农民诚挚谦恭和亲切同情的心态。

3. 暮年从军

上元二年（761）五月，朝廷进位李光弼太尉兼侍中，充任河南副元帅，都统河南、淮南东、淮南西、荆南、山南东道五道行营节度，出镇临淮（即泗州，州治在今安徽省泗县），防御叛军南窜。李白当时正在宣城，听到这个消息，非常激奋。秋天，报国建功之心再度激昂，使他不顾自己年迈体衰，竟以六十一岁的高龄毅然从军。他头戴军盔，手执刻有花纹的长戟，舞动宝剑照着严霜，踏上从军的征途，充分展现了烈士暮年壮心不已的可贵精神。但他不幸在半路上因病而折回金陵，正是天不助人。他对失去这最后一次报国机会深感遗憾，写下了长篇古诗《闻李太尉大举秦兵百万出征东南懦夫请缨冀申一割之用半道病还留别金陵崔侍御十九韵》。李白在这首诗中记录了当时的情形和心境：

秦出天下兵，蹴踏燕赵倾。黄河饮马竭，赤羽连天明。太尉杖旄钺，云旗绕彭城。三军受号令，千里肃雷霆。函谷绝飞鸟，武关拥连营。意在斩巨鳌，何论鲙长鲸！

恨无左车略，多愧鲁连生。拂剑照严霜，雕戈鬘胡缨。愿雪会稽耻，将期报恩荣。半道谢病还，无因东南征。亚夫未见顾，剧孟阻先行。天夺壮士心，长吁别吴京。

金陵遇太守，倒履欣逢迎。群公咸祖饯，四座罗朝英。初发临沧观，醉栖征虏亭。旧国见秋月，长江流寒声。帝车信回转，河汉纵复横。孤凤向西海，飞鸿辞北溟。因之出寥廓，挥手谢公卿。

这首诗的前十二句写题中“李太尉大举秦兵百万出征东南”。首四句写当时李光弼统帅大军出征，叛军所据的燕赵之地必定倾覆。饮马黄河，河水立竭；旌旗、枪杆上的红色羽毛与天空云霞连成一片，耀眼明亮。诗人用夸张手法极言唐军之多，声势之壮。接着四句描绘李光弼在千军万马护拥下奔赴彭城的形象。彭城，即徐州（治所在今江苏省徐州市）。队伍声势赫赫，军纪严明。《旧唐书·李光弼传》：“光弼御军严肃，天下服其威名。每申号令，诸将不敢仰视。”再四句描写李光弼的周密部署：从函谷关到武关，连营千里，严密的防御即使是飞鸟也难以出入。但他的战略目标不仅仅是防御，而是要斩获叛军首领，至于一般的叛敌就更不在话下了。表现出诗人对朝廷军队的祝愿和对胜利的信心。中十二句写题中的“懦夫请缨，冀申一割之用，半道病还”。诗人自量没有当年李左车的奇谋大略，也没有鲁仲连排难解纷的本领。“愧”是自谦，“恨”乃雄心。诗人这时已经年逾花甲，仍然壮心不已，请缨参军，拂剑持戈，要为唐王朝被叛军蹂躏的耻辱报仇。诗人不计较个人的恩怨，一心想着国家之耻，愿尽匹夫之责。但长期的流放摧残了诗人的身体，导致诗人在半路上病倒而还。诗人以西汉周亚夫比拟李太尉，以侠客剧孟自比，意谓当年剧孟得到周亚夫的赞许，如今自己却连李太尉的面都见不到，其内心的痛苦可想而知。诗人只得仰天长叹："天夺壮士心，长吁别吴京。"吴京，指金陵。因三国时为吴国京都，故称。诗人失去了最后一次参与平叛的机会，在离开金陵时发出了愤恨交加的哀鸣，令人痛惜泪下。末十四句写题中"留别金陵崔侍御（郎）"。先写金陵太守与朋友们为诗人饯别。这太守当然就是题中的"崔侍御（郎）"了。"侍御"当是"侍郎"之误。因为侍御只是八品低级官员，不可能当太守。唐代中期以后常由侍郎出任大州刺史（太守），都是从三品或正四品官员。金陵是诗人经常来往之地，那里有许多知交良友。这次太守竟然鞋子倒穿着来相迎，急切的心情溢于言表。群友满座设宴送行，诗人最后一次在金陵度过了难忘的时光。"初发临沧观"以下，写离别的地点、时间和景色。临沧观、征虏亭，是离别的地点。旧国秋月，江流寒声，北斗回转，河汉纵横，一派凄凉的秋景。最后，诗人形象地比喻自己像孤凤或孤鸿一样，在广阔的天空飘飞，但还是不停地向友人们挥手告别。全诗风格沉郁悲凉，与以往的飘逸豪放风格完全不同。这是诗人历尽人间沧桑之后诗风发生的变化。

随后，李白由于从叔李阳冰的邀请，到当涂养病。这时李阳冰正在当涂任县令。李白的暮年生活就靠李阳冰和一些朋友的接济度日，赠微费广，生活十分困苦。

宝应元年（762）春天，李白的病情稍有好转，又往来于当涂、宣城、南陵等地。他游览了谢氏山亭（即谢公亭），想到自己年老沉沦，隐卧江海之滨，幸遇安史之乱已经平定，天下清明。长时间的闲居养病是多么寂寥，徒然望着草木欣荣繁盛。现在好了，可以借谢公西池之游姑且遣散烦闷之情。他把积雪扫到松树下，抚摸藤萝，在石道上慢慢行走。他以《游谢氏山亭》诗记录了这次游历：

沦老卧江海，再欢天地清。病闲久寂寞，岁物徒芬荣。借君西池游，聊以散我情。扫雪松下去，扪萝石道行。

谢公池塘上，春草飒已生。花枝拂人来，山鸟向我鸣。田家有美酒，落日与之倾。醉罢弄归月，遥欣稚子迎。

诗的后八句描写谢氏山亭之景。但见谢公池塘之上，春草忽然又生发了。花枝拂着人面而来，山上的鸟儿也向着诗人鸣唱。田家酿有醇香的美酒，落日之时相与畅饮。酒醉后乘明月同归，在远处就欣喜地看见孩童前来相迎了。全诗将春天景物与醉酒归家的情形写得生动如画，反映出诗人当时的心情是非常愉悦的。

但是，到了冬天，李白的病情突然恶化了。他知道自己弥留人间的时间不会长了，在枕上把自己的诗稿交给李阳冰，请他编集作序。不久，在一个狂风怒吼、大雪纷飞的深夜，这位谪仙诗豪在壮志未酬的惆怅中离开了人间，享年六十二岁。临终时，他激昂而悲凉地吟出：

> 大鹏飞兮振八裔，中天摧兮力不济。余风激兮万世，游扶桑兮挂左袂。后人得之传此，仲尼亡乎谁为出涕？
>
> ——《临路歌》

这首诗首二句谓大鹏展翅高飞，振动四面八方；飞到半空不幸翅膀摧折，再也无力翱翔。诗人一生以《庄子·逍遥游》中的大鹏自喻，在他临终的时候仍然如此。这是比兴手法。结合诗人的人生历程，“振八裔”可能隐含着当年奉诏入京、供奉翰林等荣耀经历在内，而“中天摧兮”则指被谗离京以及被流放等事实。第三句谓大鹏虽然中天摧折，但其余风仍然可以激荡千秋万世。实际上指自己的抱负功业虽已幻灭，但自信其品格精神和诗文作品会万世流传。第四句中的“扶桑”，是《山海经·海外东经》记载神话中的大树，生长在太阳升起的地方。古代常把太阳比作君主，所以“游扶桑”是指到皇帝身边。但人不可能真正游扶桑，衣袖也不可能给千丈高的扶桑树挂住；鸟没有衣袖，只有翅膀，而翅膀被挂于扶桑是可能的。所以这句亦人亦鸟，诗人与大鹏合二而一，给人迷离惝恍之感。第五句谓后人得知大鹏半空摧折的消息会以此相传。末句则用孔子泣麟典故。据《公羊传·哀公十四年》记载，当年鲁国猎获象征祥瑞的异兽麒麟，孔子认为麒麟的出现并非其时，因此哭泣。诗的意思是说：如今孔子已死，有谁会像孔子当年痛哭麒麟被擒那样为大鹏的摧折泣涕？末二句既深信后人会对此无限惋惜，又感叹当今没有知音，正如杜甫《梦李白》诗所说：“千秋万岁名，寂寞身后事。”历史事实也证明了这一点。全诗化融多个典故，兼寓自悼、自伤、自信之情，可看作诗人自撰的墓志铭。在总结一生时，李白流露出对人生的无比眷恋，以及才未尽用的深沉惋惜。

李白身后十分凄凉。他逝世后，被葬在当涂的龙山东麓。五十五年后，即宪宗元和十二年（817），李白的朋友范文的孙子范传正，任宣、歙、池等州观察使，在宣州访问了李白的后裔。李白的儿子伯禽一生没有做过官，已经于德宗贞元八年（792）去世。伯禽所生的两个女儿，都已经和当地农民结婚。李白一生浪迹四方，没有为他的后代留下任何产业。伯禽的两个女儿告诉范传正："有兄一人，出游一十二年，不知所在。"（范传正《唐左拾遗翰林学士李公新墓碑》）并且说，李白的坟墓已日益圮毁，他生前很喜爱谢家青山，希望范传正能将李白迁葬到当涂东南的青山之阳。范传正接受了她们的请求。又过了二十六年，即武宗会昌三年（843），裴敬到当涂访李白墓。据守墓人毕元宥说，李白的这两个孙女，已有五六年没有去扫墓了。

李白的一生，是悲剧的一生。他渴望以自己的才能"安社稷""济苍生"，做一番轰轰烈烈利国利民的事业。从青年时代起，一直到临终前，他矢志不渝地为实现自己的理想和抱负而不懈地奋斗。然而，唐王朝给他的，却是一次比一次沉重的打击，致使他为自己的理想未能实现而抱恨终生！在李白逝世的当年，玄宗、肃宗已先后去世，李豫即位，是为代宗。为了收揽人心，代宗任用了一些沦落在野的人才，下诏任命李白为左拾遗。但诏书下达时，李白已经不在人世了。

第十二章　深远的影响

李白有很远大的政治理想与抱负，一生以“安社稷”“济苍生”为己任。他性格疏放洒脱，自视甚高，经常以管仲、范蠡、张良、诸葛亮、谢安等自比，希望以布衣之身一举而为卿相。但实际上他并不具备上述人物那样的“运筹策帷帐之中，决胜于千里之外”（《史记·高祖本纪》）的政治才能。恰恰相反，当重大政治变故降临时，他并不能完全清醒地认识形势，故而往往做出错误的选择和举动。

安史之乱是李白一生经历中最重大的政治事件。他对安禄山的叛乱给国家和人民造成的灾难痛恨至极，在诗中大声斥责："白骨成丘山，苍生竟何罪？"（《经乱离后天恩流夜郎忆旧游书怀赠江夏韦太守良宰》）他表示要"誓欲斩鲸鲵，澄清洛阳水"。这种爱国爱民的精神是十分可贵的。可是他在投身平叛的行动时，却选错了路径。李白参加永王李璘幕府一事，虽然主观上是想报效祖国，建功立业，但他对李璘的"异志"缺乏认识。当时有识之士对李璘东下多持躲避不合作的态度，其中就有李白的友人孔巢父、韦良宰等人。李白参加李璘幕府有两个原因：一是李白的功名心太强，二是李白的政治见识不高。他缺乏皇室正统继承的顺逆观念，认为肃宗和永王只是同室操戈，而不认为肃宗是以正讨逆。罗大经《鹤林玉露》卷六引朱文公曰："李白见永王璘反，便从臾之，诗人没头脑至于如此。"

在马鞍山市采石矶李白纪念馆中有清代文人吴鼒的一副对联。其上联曰："谢宣城，何许人，只凭江上五言诗，要先生低首。"其下联曰："韩荆州，差解事，肯让阶前盈尺地，容国士扬眉。"对得非常工整。尤其是上联用范围副词"只"，下联用反诘副词"肯"，把作者揶揄调侃李白的神情巧妙地表达出来了。只，仅也；肯，岂也。意思是说：南朝齐代的宣城太守谢朓，是个什么样的人，仅靠

“澄江净如练”这样的五言诗，就让李白低首表示钦敬？唐朝的荆州长史韩朝宗，颇为明白事理，岂能让出官场地盘，使不善从政的李白扬眉做官！言外之意是：李白的诗歌艺术成就，早就大大地超过谢朓，所以李白实在不需要一生俯首；而李白不善于政治权术，韩朝宗比较理解李白的性格，怎能让出官位举荐他，使诗人忘乎所以？上联是对李白文学成就的评价，下联是对李白政治识见的评价，虽然是揶揄调侃语气，实际上是比较公允的。因此，李白只能做伟大的诗人，却绝不可能成为杰出的政治家。

李白在诗歌领域内，天马行空，挥洒自如，得以充分施展才华。他留下了一千首绚丽多彩的诗篇，一千二百多年来，一直闪耀着夺目的光辉，震撼着无数读者的心魄。他不愧为“谪仙诗人”“一代诗豪”！

李白诗歌艺术的最大特点是融合了屈原和庄周的艺术风格。在他的作品中，经常综合运用丰富的想象、极度的夸张、生动的比喻、充沛的气势和飞跃的文字，形成独特的雄奇、奔放、飘逸的风格。龚自珍《最录李白集》说：“庄屈实二，不可以并；并之以为心，自白始。”李白的作品既有屈原执着炽热的感情，又有庄周放达超脱的作风。在他的乐府诗、歌吟体诗以及绝句中，最能体现这个特点。

李白诗歌成就最高的是乐府诗。他也自认为擅长乐府，晚年时还把古乐府之学传授给韦渠牟。李白现存乐府诗一百四十九首，多为旧题乐府。这些诗与古辞和前人创作已经形成的传统题材、主题、气氛、节奏有紧密联系。如《陌上桑》《杨叛儿》等内容与古辞相同。《白头吟》写卓文君故事，与本事紧密相连。《夜坐吟》《玉阶怨》等明显是模拟鲍照、谢朓的同题作品。《丁督护歌》似乎与原曲主题无关，但诗中仍有“一唱《都护歌》，心摧泪如雨”，说明创作时对原乐曲的悲惨意境是有深切联想的。李白乐府还包括《静夜思》《宫中行乐词》等新题乐府在内，几乎都是写战争、闺怨、宫女、饮酒、思乡、失意等传统题材的，而且在表现这些题材时，总是将个别特定的感受，转化为具有普遍意义的传统形象。例如《战城南》：

去年战，桑干源；今年战，葱河道。洗兵条支海上波，放马天山雪中草。万里长征战，三军尽衰老。

匈奴以杀戮为耕作，古来唯见白骨黄沙田。秦家筑城备胡处，汉家还有烽火燃。

烽火燃不息，征战无已时。野战格斗死，败马号鸣向天悲。乌鸢啄人肠，衔飞上挂枯树枝。士卒涂草莽，将军空尔为。

乃知兵者是凶器，圣人不得已而用之。

《战城南》有汉乐府本辞，经过南朝梁、陈的吴均、张正见以及唐初卢照邻的创作，已经成为描写北方地区战争悲惨残酷的特定诗题。尽管李白的《战城南》可能是对唐代某一场战争的独特感受，也写到一些具体地名，但很难考证出写的具体是哪一次战争，给人的印象也并不是某次特定战役的反映，而是自古以来北方地区战争的集中概括，与古辞主题相同。

又如《将进酒》的主题也与前人之作类似，但李白诗中充满乐观豪迈之情："黄河之水天上来，奔流到海不复回!"这种合理的极度夸张使描写具有震撼人心的魅力。李白的乐府诗之所以伟大，并不在于扩大题材、改换主题；恰恰相反，他是在继承前人创作总体风格的基础上，沿着原来的方向把这个题目写深、写透、写彻底，发挥到淋漓尽致、无以复加的境地，从而使后来的诗人难以为继，再也无法在这一旧题内超越他的水准。

李白的乐府诗多表现出浑成气象，多用比兴手法，不显露表现意图，这在一些杂言乐府的代表作中尤为明显。

同时，他又把瑰丽奇幻的想象注入这些作品，使乐府旧题获得新的生命。前人早已注意到这个特点，并作出许多公允的评述。如《河岳英灵集》论李白诗说：“至如《蜀道难》等篇，可谓奇之又奇，然自骚人以还，鲜有此体调也。”李阳冰《草堂集序》说：“其言多似天仙之辞，凡所著述，言多讽兴。”王世贞《艺苑卮言》卷四：“太白古乐府，窈冥惝恍，纵横变幻，极才人之致。”这些都是指李白乐府有意不点出主题寓意，而是运用比兴寄托手法，赋予主题寓意更为丰富的内涵。这些特点造成了对李白许多乐府代表作，至今认识仍存在很大的分歧。其妙处还在于这些乐府的主题寓意被赋予了不确定性，有的人认为有寄托，有的人则认为没有寄托，所以胡震亨说：“乐府妙在可解可不解之间。”（《唐音癸签》卷三）但如果我们掌握了这些特点，对李白一些有分歧的代表作也可以取得较为一致的认识。如《蜀道难》的主旨和寓意历来分歧很大，前人作品中，阴铿的《蜀道难》已经有“蜀道难如此，功名讵可要”的思想，唐人姚合《送李余及第归蜀》诗也认为李白《蜀道难》乃因功业无成而作：“李白《蜀道难》，羞为无成归。子今称意行，所历安觉危？”由此可以明白李白在诗中再三用“蜀道之难，难于上青天”的极度夸张，正是寄寓着初入长安追求功业无门而郁积的强烈苦闷。李白现存的乐府代表作，大都是出蜀以后追求功业时期的作品，尤其是因初入长安失意而作的居多。《梁甫吟》原是诸葛亮出山前隐居隆中之作，李白选用此题表明自己亦未出山。作品开头就说："长啸《梁甫吟》，何时见阳春？"可知尚未见过明主。诗中用雷公、玉女、阍者等神话中的形象以喻张垍等小人，写出了自己初入长安被小人阻于君门之外的激愤之情。后期的《北风行》则一开头就用极度夸张的形象渲染严酷气氛："燕山雪花大如席，片片吹落轩辕台。"最后又用"黄河捧土尚可塞，北风雨雪恨难裁"这样极度夸张的比喻，将思妇失去丈夫后的深切痛苦刻画得入木三分。由此可见，李白把旧题乐府发展到了顶峰，对旧题乐府作了辉煌、伟大的总结。从此以后，再也没有人用乐府旧题写出超越李白的作品。

李白的歌吟体诗现存八十余首，有不少是送别、留别诗。如《鸣皋歌送岑征君》《梦游天姥吟留别》《西岳云台歌送丹丘子》《陪侍御叔华登楼歌》《金陵歌送别范宣》《峨眉山月歌送蜀僧晏入中京》等等，这类诗与乐府诗不同，它们没有旧题的制约，也不像乐府那样寄兴于客体；相反，它们都用第一人称表现，而且对象明确，创作意图都在诗中和盘托出，畅快淋漓。如《梦游天姥吟留别》以色彩缤纷、瑰奇壮丽的梦幻和神话相结合的形式，来抒发对现实的感受，主题非常明确："安能摧眉折腰事权贵，使我不得开心颜！"并没有像乐府诗那样因"迷离惝恍"，而使后人对其寓意捉摸不定。歌吟体诗与乐府诗特质的区别，大概就是从李白开始的吧！

李白五言古诗较多，以《古风五十九首》为代表。古风，本指古代风尚、古人风度。以古风作为诗体名，即古诗、古体诗，当自李白开始。至中唐时，古风已经成为古体诗同义的诗体名。《古风五十九首》是编集者将李白数十年间所写的五言咏怀古诗加以汇编，并非一时一地之作。这些诗的内容主要是指斥朝政、感伤己遇和抒写抱负等。这些诗与李白的乐府诗、歌吟体诗不同，写得比较严密，较少夸张跳跃，但也常用比兴手法。《唐宋诗醇》说这些诗"远追嗣宗《咏怀》，近比子昂《感遇》，其间指事深切，言情笃挚，缠绵往复，每多言外之旨"，基本上说得不错。但应该说这些作品还是继承了《风》《雅》和楚《骚》的传统，如在《古风》(其一)中，抒发了在文学方面的抱负和主张就是要恢复《风》《雅》传统：

《大雅》久不作，吾衰竟谁陈？王风委蔓草，战国多荆榛。龙虎相啖食，兵戈逮狂秦。正声何微茫，哀怨起骚人。扬马激颓波，开流荡无垠。废兴虽万变，宪章亦已沦。自从建安来，绮丽不足珍。圣代复元古，垂衣贵清真。群才属休明，乘运共跃鳞。文质相炳焕，众星罗秋旻。我志在删述，垂辉映千春。希圣如有立，绝笔于获麟。

李白在这首诗中对《诗经》以来到唐朝的历代诗赋作了概括性的总结和评价，并抒写了自己的文学主张和抱负，实际上是中国文学史上最早的一首诗论诗。首二句为全诗主旨。他慨叹《大雅》正声久衰不兴，接着用孔子的话“甚矣吾衰也”(《论语·述而》)，实际上是自喻。他显然以恢复《大雅》正声为己任，又感叹自己年力将衰，还有谁能陈其诗于朝廷之上？以下十二句，是对《诗经》以后直到唐以前这段历史长河中的诗歌的总结和评价，尤其是对建安以来，诗坛上盛行的绮丽之风表示不满，写足了“《大雅》久不作”之意。从“圣代复元古”到末尾，申“吾衰竟谁陈”之意，歌颂盛唐诗风并抒发自己的抱负。“清真”二字，与上文“绮丽”相对，反映了李白的文学思想。他热情赞美盛唐诗坛，抒发自己的志向：追踪孔子，对盛唐诗歌进行整理和编订，使它的光辉垂映千秋万代。他仰慕孔子作《春秋》，期待自己亦能开创清真自然的一代诗风。如果达到这个目标，他就像孔子那样“绝笔于获麟”，搁笔不再著述。正如胡震亨所说：“统论前古诗源，志在删诗垂后，以此发端，自负不浅。”

《古风五十九首》中又有不少篇章是学习屈原以香草美人自喻来抒发感慨的，如其二十七“燕赵有秀色”、其三十八“孤兰生幽园”、其四十九“美人出南国”等。此外，其中有些咏史诗脱胎于左思，如其九“齐有倜傥生”、其十一“松柏本孤直”、其十二“君平既弃世”等；游仙诗则显然是受到郭璞的影响，如其四“凤飞九千仞”、其十八“昔我游齐都”等。这些诗比起前人的作品来，内容更为显豁，感情更为深挚，意境更为明朗，语言更为流畅。这是李白对咏怀诗、感遇诗的发展。

李白的律诗现存一百一十八首，绝大多数为五律，七律仅七首。他早年曾花相当功夫攻五律，现存最早诗篇之一《访戴天山道士不遇》，就是一首工稳整饬的五律。开元年间写的《渡荆门送别》《送友人入蜀》《江夏别宋之悌》《太原早秋》《赠孟浩然》等等，平仄对仗都合律，意境都是律诗气象。天宝初应制立就的《宫中行乐词》，律对工切，也可说明李白五律是颇有功力的。即使在后期，李白也还有格律严整的佳构，如《秋登宣城谢朓北楼》：

> 江城如画里，山晚望晴空。两水夹明镜，双桥落采虹。人烟寒橘柚，秋色老梧桐。谁念北楼上，临风怀谢公？

《唐诗品汇》说：“盛唐五言律句之妙，李翰林气象雄逸。”沈德潜《唐诗别裁集》也说李白五律“逸气凌云，天然秀丽”。从上列诸诗看，李白五律确有一种飞动之势、英雄之气，与王维、孟浩然、杜甫不同。尤其是李白还有不少律诗不屑束缚于对偶，往往只用一联对句，甚至于全用散句；有时平仄也不全部协调。如《夜泊牛渚怀古》，按平仄是一首律诗，却没有一联对仗，而且最后两句“明朝挂帆席，枫叶落纷纷”，含不尽之意于言外，不符合意象应起讫完整的律诗原则。又如《送友人》首联对仗，颔联却用“此地一为别，孤蓬万里征”散句，尾联“挥手自兹去，萧萧班马鸣”呈现出诗意的不完结状态，这是绝句的意境和气象。七律《登金陵凤凰台》虽然平仄都符合要求，但首联反复出现相同的词语，全诗的气象、风格也不像律诗。所以，胡应麟《诗薮》认为“杜（甫）以律为绝，李（白）以绝为律”，是有道理的。

李白的绝句仅存九十三首，历来公认“冠古绝今”。绝句的特点除了平仄与律诗相同外，其余却相反。即要求散句，不要对仗；意脉要疏放跳跃，突出一点，不要完整严密；要含蓄，留有余地，不要完全说出表现意图。而这正好符合李白的性格，所以李白的绝句写得最好。王世贞《艺苑卮言》云：“五七言绝句，李青莲、王龙标（王昌龄）最称擅场，为有唐绝唱。”恰巧李白现存诗中，就有一首写给王昌龄的作品——七绝《闻王昌龄左迁龙标遥有此寄》：

> 杨花落尽子规啼，闻道龙标过五溪。我寄愁心与明月，随君直到夜郎西。

天宝六载秋，王昌龄被贬为龙标县尉。约在第二年的春天，李白作此诗寄给友人。李白在诗中将自己忧虑的“愁心”交付高洁的“明月”，去慰抚失意的友人。词浅意深，意境隽永，可谓“绝唱”。胡应麟《诗薮·内编》卷六说：

"太白五七言绝，字字神境，篇篇神物。"又说："太白五言，如《静夜思》《玉阶怨》等，妙绝古今。""太白七言绝，如'杨花落尽子规啼''朝辞白帝彩云间''谁家玉笛暗飞声''天门中断楚江开'等作，读之真有挥斥八极、凌属九霄意。贺监谓为谪仙，良不虚也。"李白有些描绘山水和抒发忧愤的绝句，使用极度夸张的比喻，充满超迈奔放的激情。如"飞流直下三千尺，疑是银河落九天"，写出雄伟气势；"白发三千丈，缘愁似个长"，显示深度忧愤，都富有强烈的感染力。李白绝句的特点是：语言明朗，声调优美，感情深挚，意境含蓄，韵味深长。上列诸诗都有这些特点，所以千百年来脍炙人口，传诵不绝，确实无人能企及。沈德潜《说诗晬语》卷上说："七言绝句，以语近情遥、含吐不露为主。只眼前景、口头语，而有弦外音、味外味，使人神远，太白有焉。"这些说法并非过誉。

李白的赋、表、书、序、记、颂、赞、铭、碑、祭文等各类文章，大致与他的性格和诗风相似，都有飘逸英爽之气。《大鹏赋》《大猎赋》《代寿山答孟少府移文书》等作品抒写豪情壮志，文笔恣肆纵横，有一往无前的气概，受《庄子》的影响最为明显。《与韩荆州书》《春夜宴从弟桃花园序》等文章如行云流水，一气呵成，千百年来脍炙人口。《泽畔吟序》则感情深挚，沉郁顿挫，表现出对奸臣的刻骨痛恨和对友人的深切同情。一般人写碑文，叙述家世行事容易板滞，而李白的《虞城县令李公去思颂碑》等却写得层次井然，叙事具体而生动。这些文章或散或骈，或骈散结合，大都剪裁得当，既富文采，又无雕琢堆砌之病，堪称唐代文章的上乘之作。

李白的诗文创作是他文学主张的实践。他在《古风》其一（大雅久不作）诗中提出文章贵“清真”，反对“绮丽”，其三十五（丑女来效颦）又提出反对模仿、雕琢，主张天真、自然。他一生敬仰谢朓的“清发”，提出诗歌应当像“清水出芙蓉，天然去雕饰”(《经乱离后天恩流夜郎忆旧游书怀赠江夏韦太守良宰》)，这些就是李白的美学理想。李白的诗文，确实以真率的感情和自然的语言构成“清水出芙蓉”之美。方回《杂书》论李白的诗说：“最于赠答篇，肺腑露情愫。何至昌谷生，一一雕丽句。亦焉用玉溪，纂组失天趣?”他认为李白的诗能袒露真情，不像李贺、李商隐那样雕章琢句，全赖人工。李贺、李商隐的诗，总使人感到如雾里看花，隔着一层，而李白的诗却能使人洞见肺腑。这在许多赠送亲友的诗文中表现得特别显著，他从不掩饰自己的真实情感。追求功业，就给韩朝宗上书说："而君侯何惜阶前盈尺之地，不使白扬眉吐气、激昂青云耶？"（《与韩荆州书》）奉诏进京，他就说："仰天大笑出门去，我辈岂是蓬蒿人！"（《南陵别儿童入京》）希望升官，就写道："恩光煦拙薄，云汉希腾迁。"（《金门答苏秀才》）感受到得志时人们巴结、失宠后无人理睬的世态炎凉，他写道："当时笑我微贱者，却来请谒为交欢。一朝谢病游江海，畴昔相知几人在？前门长揖后门关，今日结交明日改。"（《赠从弟南平太守之遥》其一）被流放遇赦归来后，认为皇帝又将起用他，就写道："圣主还听《子虚赋》，相如却欲论文章。"（《自汉阳病酒归寄王明府》）就算是男女冶游言笑，他也不掩饰："千金骏马换少妾，醉坐雕鞍歌《落梅》。车傍侧挂一壶酒，凤笙龙管行相催。"（《襄阳歌》）何等坦率天真可爱！李白诗文的语言不假雕琢，自然流畅，明白如话，音节和谐，浑然天成，即王世贞《艺苑卮言》所谓"以自然为宗"。"黄河之水天上来，奔流到海不复回"（《将进酒》），"飞流直下三千尺，疑是银河落九天"（《望庐山瀑布二首》其二），何等雄健！"桃花潭水深千尺，不及汪伦送我情"（《赠汪伦》），何等深情！"百年三万六千日，一日须倾三百杯"（《襄阳歌》），何等豪放！"床前看月光，疑是地上霜。举头望山月，低头思故乡”(《静夜思》)，又何等清新隽永！这些语言，似乎都不假思索，信手写出，实际上这是李白长期从汉魏六朝乐府民歌和前人优秀作品的语言中吸取养料，加工提炼，终于达到炉火纯青的境界。

总之，李白诗歌把我国古代的诗歌艺术推向了顶峰，对后代产生了深远影响。李阳冰《草堂集序》称李白诗“千载独步，惟公一人”，皮日休《七爱诗》称李白“惜哉千万年，此俊不可得”，吴融《禅月集序》说：“国朝能为歌诗者不少，独李太白为称首。”唐代韩愈、李贺、杜牧都从不同的方面受过李白诗风的熏陶；宋代苏轼、陆游的诗，苏轼、辛弃疾、陈亮的豪放派词，也显然受到李白诗歌的影响；而金元时期的元好问、萨都剌、方回、赵孟頫、范德机、王恽等，则多学习李白的飘逸风格；明代的刘基、宋濂、高启、李东阳、高棅、沈周、杨慎、宗臣、王稚登、李贽，清代的屈大均、黄景仁、龚自珍等，都对李白非常仰慕，努力学习他的创作经验。

现在，李白诗歌不仅在中国广泛流传，有许多学者在认真研究，而且还流传到世界上许多其他国家，得到国外读者的喜爱，许多国外的学者也在研究李白的诗歌艺术，李白不仅是中国而且已经是全世界的文化名人。

李白是一个深受人们喜爱的诗人。关于他那孤傲洒脱的形象、出类拔萃的才华、自由不羁的个性、不同寻常的经历，在民间流传着许多传说。这些传说与他的性格和诗歌一样，具有浓厚的传奇色彩，如出生时金星入梦的传说、醉中捉月而死的传说等。而流传最广的，是李白令高力士脱靴的传说。其实，李白自己的诗文和同时代人都未说过此事。此事最早见于唐人写的《松窗杂录》《国史补》《酉阳杂俎》等笔记杂史，后来两唐书《李白传》也记叙了此事，似乎真有其事了。又经过戏剧、小说，尤其是冯梦龙《警世通言》中《李谪仙醉草吓蛮书》这篇集李白传说故事之大成的力作的敷衍，传播就更深远了。本是小说轶闻，可是谁也不肯去认真追究是否真有其事，而且宁愿信其有，不愿信其无。一方面，因为这一传说符合李白不愿摧眉折腰事权贵的傲岸性格；另一方面，把高力士这个最有权势的宦官头目，让李白戏弄一番，使李白蔑视权势小人的孤傲形象更为鲜明，人们也由此获得了淋漓酣畅的审美愉悦。李白一生漫游四方，凡是他足迹所到之处，几乎都有纪念他的亭台楼阁，各地方志也都有详细记载。特别是由于李白喜欢饮酒，于是许多地方都有太白酒楼遗址。后来，各地酒店干脆挂起“太白遗风”，作为商标了。

所有这些，都说明李白是一个深受人们喜爱的伟大诗人。李白的诗歌，是我国文化宝库中的珍贵遗产，是中国古典诗歌的骄傲，人们口耳相传；而“谪仙诗豪”李白的形象，则千秋万代活在人们的心中。李白是不朽的！

附录　生平大事年表

武后长安元年（701 年） 一岁

生于安西都护府碎叶城。

中宗神龙元年（705 年） 五岁

父李客率全家迁居剑南绵州昌隆县青莲乡。开始学习文化。

睿宗景云元年（710 年） 十岁

读诸子百家。学习各种典籍。

玄宗开元三年（715 年） 十五岁

好神仙。爱好剑术，仗义任侠。《明堂赋》约始作于此年。

开元六年（718年） 十八岁

上大匡山跟赵蕤学王霸之道、纵横之术，大约有两年时间。《访戴天山道士不遇》诗、《大猎赋》等约作于此一时期。

开元九年（721年） 二十一岁

上年冬，礼部尚书苏颋出为益州长史。本年春，苏颋赴任。李白在路中拜谒，受到苏颋赏识。游成都。登散花楼，瞻仰司马相如琴台、扬雄故宅。《登锦城散花楼》《白头吟》等诗约作于此年。此后几年游历蜀中各地。

开元十二年（724年） 二十四岁

游峨眉山。出蜀，经三峡，至江陵，遇见道士司马承祯。此年写有《峨眉山月歌》《渡荆门送别》《秋下荆门》等诗以及《大鹏遇希有鸟赋》。

开元十三年（725年） 二十五岁

游洞庭，南穷苍梧。完成了“南穷苍梧”的第一阶段游历。夏，友人吴指南卒于洞庭。初登庐山。至金陵。《望庐山瀑布二首》《望天门山》《金陵城西楼月下吟》《杨叛儿》《长干行》等诗约作于此年。

开元十四年（726年） 二十六岁

春，至广陵。又东南游苏州、杭州、越州、台州，东涉溟海。完成了“东涉溟海”的第二阶段游历。然后回舟北上，复至扬州。散金三十万。卧病。此年写有《金陵酒肆留别》《夜下征虏亭》《苏台览古》《乌栖曲》《越中览古》《越女词五首》《淮南卧病书怀寄蜀中赵征君蕤》等诗。

开元十五年（727年） 二十七岁

沿长江西上，观云梦，寓安州北寿山。北游汝海、襄州，结识孟浩然。回安陆，冲撞李长史马车。与元丹丘一起受马都督和李长史接见。与故相许圉师的孙女结婚。此年写有《代寿山答孟少府移文书》《上安州李长史书》等。

开元十六年（728年） 二十八岁

春至江夏，改葬吴指南。暮春，送孟浩然之广陵。回安陆，寓居白兆山。写有《早春于江夏送蔡十还家云梦序》以及《黄鹤楼送孟浩然之广陵》等诗。

开元十八年（730年） 三十岁

隐于安陆白兆山桃花岩。遭受谤毁。春夏之交，自安陆启程，经南阳赴长安。秋，至长安。隐居终南山。结识崔宗之。拜见宰相张说，结识张垍、张埱兄弟。此年写有《上安州裴长史书》以及《安陆白兆山桃花岩寄刘侍御绾》《酬崔五郎中》《乌夜啼》等诗。

开元十九年（731年） 三十一岁

秋，在玉真公主别馆作客。下终南山，西游邠州。写有《玉真公主别馆苦雨赠卫尉张卿二首》《下终南山过斛斯山人宿置酒》《赠裴十四》等诗。

开元二十年（732年） 三十二岁

春，游坊州。旋归长安。友人元丹丘寄书问候。在长安穷途失路。写有《酬坊州王司马与阎正字对雪见赠》、《留别王司马嵩》、《春归终南山松龙旧隐》、《古风》（其二十四）、《行路难三首》（其一、其二）、《蜀道难》等诗。

开元二十一年（733年） 三十三岁

五月，离长安，由黄河东下至宋州，游览梁苑故址。秋，回到安陆。应元丹丘邀请，赴嵩山隐居。在这期间，多次往来于嵩山、汝州、洛阳之间。结识元演。岑勋千里寻访至嵩山，以诗代书请至嵩山相会。写有《梁园吟》《以诗代书答元丹丘》《秋夜宿龙门香山寺奉寄王方城十七丈奉国莹上人从弟幼成令问》

《冬夜醉宿龙门觉起言志》《梁甫吟》《酬岑勋见寻就元丹丘对酒相待以诗见招》等诗。

开元二十二年（734 年） 三十四岁

隐居嵩山。回安陆。途经襄阳，拜谒荆州长史韩朝宗。至江夏，遇宋之悌。冬，元丹丘、元演从洛阳来安陆访问，又一起到随州访道士胡紫阳。回到安陆。与崔宗之游南阳。游荥阳，登广武古战场。写有《与韩荆州书》以及《题元丹丘颍阳山居并序》、《元丹丘歌》、《题元丹丘山居》、《古风》(其十八)、《春夜洛城闻笛》、《江夏别宋之悌》、《冬夜于随州紫阳先生餐霞楼送烟子元演隐仙城山序》、《题随州紫阳先生壁》等诗。

开元二十三年（735 年） 三十五岁

初夏，赴洛阳，短暂停留，与元演同游太原。秋冬之际回到洛阳，与元丹丘相会。写有《太原早秋》诗以及《秋日于太原南栅饯阳曲王赞公贾少公石艾尹少公应举赴上都序》等。

开元二十四年（736 年） 三十六岁

回安陆。岑勋寻访到嵩山。元丹丘请李白至嵩山相会。写有《酬岑勋见寻就元丹丘对酒相待以诗见招》《将进酒》等诗。

开元二十七年（739 年） 三十九岁

秋在巴陵，遇王昌龄。

开元二十八年（740 年） 四十岁

春、秋季都有在杭州游历。许氏夫人约卒于此年。李白带子女赴东鲁。此后几年，一直在东鲁。与韩准、裴政、孔巢父、张叔明、陶沔等人隐居在徂徕山，酣歌纵酒，时号“竹溪六逸”。写有《与从侄杭州刺史良游天竺寺》《五月东鲁行答汶上翁》《嘲鲁儒》《客中作》《送韩准裴政孔巢父还山》等诗。

天宝元年（742 年） 四十二岁

四月，游泰山。秋，奉诏入京。在长安，玄宗召见于金銮殿，命待诏翰林。侍从温泉宫。写有《五月东鲁行答汶上翁》《游泰山六首》《南陵别儿童入京》《侍从游宿温泉宫作》《驾去温泉宫后赠杨山人》《温泉侍从归逢故人》等诗。

天宝二年（743 年） 四十三岁

待诏翰林，草《和番书》或《出师诏》。醉中写《清平调词三首》《宫中行乐词》等诗。自以为得宠，写有《金门答苏秀才》诗。张垍进谗，玄宗疏之。写有《玉壶吟》《翰林读书言怀呈集贤院内诸学士》《送裴十八图南归嵩山二首》《赠崔郎中宗之》《同王昌龄送族弟襄归桂阳二首》《送族弟绾从军安西》等诗。

天宝三载（744年） 四十四岁

正月，贺知章请度为道士还乡。李白被谗后纵酒解愁。三月，上书请还山，玄宗赐金遣之。游商州。秋，在梁宋间会见杜甫、高适，畅游梁宋，纵猎孟诸。冬，从高如贵道士受道箓于齐州紫极宫。写有《送贺宾客归越》《还山留别金门知己》《过四皓墓》《商山四皓》《春陪商州裴使君游石娥溪》《送岑征君归鸣皋山》《鸣皋歌送岑征君》《秋猎孟诸夜归置酒单父东楼观妓》《奉饯高尊师如贵道士传道箓毕归北海》等诗。

天宝四载（745年） 四十五岁

春，与杜甫同在东鲁。夏，李白、杜甫、高适、李邕、卢象等在齐郡相会。秋，杜甫又至鲁郡访李白，在龟蒙山元丹丘处作客。与范居士游。送别杜甫。写有《上李邕》《东海有勇妇》《寻鲁城北范居士失道落苍耳中见范置酒摘苍耳作》《鲁郡东石门送杜二甫》等诗。

天宝五载（746年） 四十六岁

在东鲁怀念杜甫，写有《沙丘城下寄杜甫》。秋，离东鲁南游。写有《梦游天姥吟留别》等诗。

天宝六载（747年） 四十七岁

至越中，知贺知章已死，回舟北上，至金陵，遇崔成甫。闻李邕、裴敦复等被害，不胜悲愤。写有《对酒忆贺监二首》《重忆一首》《酬崔侍御》《登金陵凤凰台》《玩月金陵城西孙楚酒楼达曙歌吹日晚乘醉著紫绮裘乌纱巾与酒客数人棹歌秦淮往石头访崔四侍御》等诗。

天宝七载（748年） 四十八岁

春，在金陵。游扬州江阳县及庐江一带。写有《登梅岗望金陵赠族侄高座寺僧中孚》《叙旧赠江阳宰陆调》《寄上吴王三首》等诗。

天宝八载（749年） 四十九岁

在金陵，写有《闻王昌龄左迁龙标遥有此寄》《答王十二寒夜独酌有怀》等诗。怀念子女。写有《寄东鲁二稚子》《送萧三十一之鲁中兼问稚子伯禽》《送萧三十一之鲁中兼问稚子伯禽》等诗。

天宝九载（750年） 五十岁

回东鲁。秋，至石门山访元丹丘。写有《崇明寺佛顶尊胜陀罗尼幢颂并序》以及《忆旧游寄谯郡元参军》《寻高凤石门山中元丹丘》《秋日炼药院镊白发赠元六兄林宗》等诗。

天宝十载（751年） 五十一岁

在梁苑，与宗楚客孙女结婚。对杨国忠发动南诏战争表示不满。秋冬之交，离梁苑北上幽州。写有《虞城县令李公去思颂碑》以及《古风》(其三十四)、《留别于十一兄逖裴十三游塞垣》等诗。

天宝十一载（752年） 五十二岁

北上途中游广平郡邯郸、临洺、清漳等地。十月，抵幽州。初有立功边疆之思想，在边地习骑射。后发现安禄山野心，登黄金台痛哭。不久即离幽州南下。写有《登邯郸洪波台置酒观发兵》《赠临洺县令皓弟》《赠清漳明府侄聿》《行行且游猎篇》《幽州胡马客歌》《北风行》《远别离》等诗。

天宝十二载（753年） 五十三岁

过魏州贵乡，韦良宰盛情招待。又西北游汾州，然后南下回梁苑。秋，自梁苑经曹南至宣城。与崔成甫、宇文太守游。写有《魏郡别苏少府因》《留别曹南群官之江南》《自梁园至敬亭山见会公谈陵阳山水兼期同游因有此赠》《独坐敬亭山》《赠宣城宇文太守兼呈崔侍御》《陪侍御叔华登楼歌》等诗。

天宝十三载（754 年） 五十四岁

春，游金陵。五月至扬州，与魏万相遇，同返金陵。尽出诗文，嘱魏万编集。闻晁衡回国途中遇难。游秋浦、泾县。写有《送王屋山人魏万还王屋》《哭晁卿衡》《游秋浦白笴陂二首》《与南陵常赞府游五松山》等诗。

天宝十四载（755 年） 五十五岁

夏在当涂，秋游秋浦，冬返宣城。返梁苑，遇安禄山陷洛阳。向西奔亡，携宗氏夫人到华山暂居。写有《秋浦歌十七首》、《赠汪伦》、《秋浦寄内》、《赠宣城赵太守悦》、《古风》(其十九)、《奔亡道中五首》(其一至其四)等诗。

天宝十五载　肃宗至德元载（756 年） 五十六岁

初春，登华山。暮春，携宗氏夫人下华山，经商洛大道向南奔逃，逃到江南。秋，与宗氏夫人隐居庐山屏风叠。永王李璘水军至寻阳，三次遣使聘请。告别宗氏夫人，赴永王璘幕。写有《古风》(其十七)、

《奔亡道中五首》(其五)、《春于姑熟送赵四流炎方序》、《江上答崔宣城》、《经乱后将避地剡中赠崔宣城》、《扶风豪士歌》、《猛虎行》、《赠溧阳宋少府陟》、《感时留别从兄徐王延年从弟延陵》、《赠王判官时余归隐居庐山屏风叠》、《别内赴征三首》等诗。

至德二载（757年） 五十七岁

在永王幕府。永王兵败，自丹阳郡南奔，陷寻阳狱中。宗氏夫人奔走营救。宋若思与崔涣为之洗雪，出狱。参加宋若思幕。离开宋若思幕府，避难宿松。定罪长流夜郎。写有《在水军宴赠幕府诸侍御》《在水军宴韦司马楼船观妓》《永王东巡歌》《南奔书怀》《在寻阳非所寄内》《万愤词投魏郎中》《中丞宋公以吴兵三千赴河南军次寻阳脱余之囚参谋幕府因赠之》《江上望皖公山》《公无渡河》《送张秀才谒高中丞并序》《送张秀才从军》《窜夜郎于乌江留别宗十六璟》《流夜郎闻酺不预》等诗以及《为宋中丞自荐表》。

乾元元年（758年） 五十八岁

流放途中。经江夏、沔州，入三峡。写有《流夜郎至江夏陪长史叔及薛明府宴兴德寺南阁》《流夜郎题葵叶》《泛沔州城南郎官湖并序》《上三峡》等诗。

乾元二年（759 年） 五十九岁

流放途中。至白帝城遇赦，立即泛舟东下江陵。在江夏停留。夏，过汉阳。秋，应裴隐邀请游洞庭。遇贾至被贬岳州。李晔被贬岭南，路经洞庭。于是，三人同游。八月，襄州将康楚元、张嘉延据州作乱。九月，攻破荆州。岳州准备防御。到潇湘零陵。写有《南流夜郎寄内》《早发白帝城》《经乱离后天恩流夜郎忆旧游书怀赠江夏韦太守良宰》《答裴侍御先行至石头驿以书见招期月满泛洞庭》《夜泛洞庭寻裴侍御清酌》《巴陵赠贾舍人》《与贾舍人于龙兴寺剪落梧桐枝望㴩湖》《陪族叔刑部侍郎晔及中书贾舍人至游洞庭五首》《陪侍郎叔游洞庭醉后三首》等诗及《江夏送倩公归汉东序》《泽畔吟序》等。

乾元三年　上元元年（760 年） 六十岁

春，由洞庭返江夏，下寻阳，游庐山。在余干与刘长卿相会。抵豫章，与宗氏夫人团聚。写有《早春寄王汉阳》《庐山谣寄卢侍御虚舟》《下寻阳城泛彭蠡寄黄判官》《寻阳送弟昌岠鄱阳司马作》《对酒醉题屈突明府厅》《豫章行》等诗。

上元二年（761 年） 六十一岁

游宣城、当涂。闻李光弼出镇临淮，又欲立功报国，暮年从军。因病半道而还。往当涂，依从叔李阳冰。写有《宿五松山下荀媪家》《闻李太尉大举秦兵百万出征东南懦夫请缨冀申一割之用半道病还留别金陵崔侍御十九韵》《至陵阳山登天柱石酬韩侍御招隐黄山》《献从叔当涂宰阳冰》等诗。

宝应元年（762年） 六十二岁

当涂养病。春，病情稍有好转。冬，病重，将诗文交李阳冰编集。十一月，卒于当涂。写有《游谢氏山亭》《九日》《九日龙山饮》《九月十日即事》《临路歌》等诗。